プロサッカー選手になるために
僕が大切にしてきたこと

「楽しい」から強くなれる

遠藤 航

ハーパーコリンズ

CONTENTS

※本文中の各選手の所属については、2021年8月現在とする。

はじめに

「僕は未来の自分がサッカー選手になり、プロとして活躍している事、日本代表として活躍している事を期待しています」

「世界に通用するＤＦとしてサッカーを楽しんでいる事を期待しています」


これは、僕が15歳のときに、未来の自分に投げかけた言葉。

中学3年のとき、10年後の自分に向けて手紙を書くという授業があって、みんなでタイムカプセルに埋めた。

真剣に書いたから、25歳のころに「10年後の遠藤航」に宛てた手紙が届いたとき、昔の自分が抱いていた期待のことは覚えていた。


うん、プロのサッカー選手になり、日本代表にも選ばれるようになった。

ディフェンダー（DF）からポジションは変わったけど、ずっとサッカーを楽しんでいる。

ただ、代表メンバー入りした2018年ロシアワールドカップでは、ピッチに立つことはできなかった。代表ミッドフィールダーとしての活躍は、きっと2022年のカタールで。

あの手紙を書いてから12年後の2020年9月、僕はブンデスリーガで2020－21シーズンを迎えた。プロになった当初からの目標が現実になった。

10代のころ、香川真司《かがわしんじ》さんや、岡崎慎司《おかざきしんじ》さん、長谷部誠《はせべまこと》さん、内田篤人《うちだあつと》さんが、ドイツのトップリーグで活躍する姿をテレビで観《み》ながら、僕は自然とブンデスリーガを意識するようになった。

その後、国内で湘南《しょうなん》ベルマーレから浦和レッドダイヤモンズに移籍して、ベルギーのシント＝トロイデンVV入りで海外へとステップを踏んできた間も、ずっと「ブンデスでやりたい」という思いがあった。

2019年の夏に移籍したVfBシュトゥットガルトは、100年を超える歴史と、5度のブンデスリーガ優勝歴を持つ由緒あるクラブ。

その一員として、僕はレベルの高さを実感しながら、ドイツ1部での1年目を戦ってきた。

ここでサッカーができる喜びと楽しさ、そしてプロとしてサッカーを続けられていることへの感謝の気持ちをひしひしと感じながら。

でも、将来ブンデスでやれるようになるなんて、サッカーを習い始めた小学生のときは誰も予想していなかったと思う。

実際、シュトゥットガルトに加入して最初の3カ月間は、全然と言っていいくらい出番がなかった。

大きな目標を立てて、それを叶えるために今何をするべきか、身近で小さめの目標に落としこむこと。

僕は昔からそれが得意だった。だからそのときも割り切って、監督が何を求めているのか、先発している選手にあって自分に足りないものは何か、逆にほかの選手にはない持ち味をどうやって生かすか、じっと観察しながら、どうすれば自分がチームに貢献できるかを考えた。

そしてシーズン半ばに、初先発のチャンスが回ってきた。今思えば、人生でいちばん大切な試合になった。

与えられたチャンスで結果を出す。

その意味では、僕にとってすごく重要な試合だ。アンカーとして力を出し切り、チームの零封勝利に貢献できた90分間、特別に緊張したりはしなかった。やるだけのことをやって準備してきたという自信があった。それに、もしだめでも、またゼロからやればいいだけ。

考えてみたら、子どものころからその繰り返しだった。

小学校のときも、中学校の部活でも、ユースでも。

自分より上手い選手が活躍しているのを見れば、「どうすれば俺も?」と考えたし、「なら、今の自分はこれをやるべきだ」と、逆算していた。

プロのサッカー選手になりたい。

そのために、できる範囲でまず何をすべきなのか。そう考え、もう少し頑張れば超えられそうなハードルを自分で用意しては、1つずつクリアしてきた。

好きだから続けたい。

楽しいから続けられる。

続ければ、もっと楽しくなる。

楽しみ続けること。これが基本。

続けるためにやるべきことを考える。

やるべきことをやる。

すごくシンプルだ。

でも、その繰り返しが、校庭からドイツのメルセデス・ベンツ・アレーナに僕を連れてきてくれた。


この本には、僕がプロサッカー選手になるために大切にしてきたことや、実行してきたさまざまなステップがつまっている。

どれも特別なことじゃないかもしれないけど、夢や目標を叶えるための何かのヒントになってくれたらいいなと思う。

そしてあのころの僕のように、サッカーが大好きで、楽しくて、ずっと続けたいと思っている子どもたちが読んだとき、あいつにできるんだから自分だって、と思ってもらえると嬉《うれ》しいです。

1st Step

「楽しい」ことを見つける

「好き」を見つける

僕は、父と母と弟、そして年の離れた妹の5人家族の長男として、神奈川県の横浜市で生まれ育った。

ボールを蹴《け》り始めたのは5歳のころ。

幼稚園の庭で遊ぶ友達の輪に交じっていただけだけど、仲良しの1人がすごく上手くて、その子が輪の中心だったのを覚えている。

父さんが学生時代にサッカーをやっていたこともあり、自然と小さいころから一緒にJリーグのテレビ中継を観るようになった。地元の強豪クラブ、横浜F・マリノスの試合に連れていってもらったりもした。

テクニック抜群のプレーメイカーだった中村俊輔《なかむらしゅんすけ》さん（現横浜FC）や、ディフェンスラインの中央で頼もしかった中澤佑二《なかざわゆうじ》さんが大好きだった。速くてクレバーなセンターフォワードだった、久保竜彦《くぼたつひこ》さんも。

ただ、サッカー一筋かというとそうでもなくて、将来は真剣に野球をやるんじゃないかと親に思われていた時期もある。

5歳のとき。公園で父と

小学校低学年のころは、しょっちゅう野球をして遊んでいたし、プロ野球の試合もよくテレビで観ていた。

応援していたチームは、当時松井《まつい》秀喜《ひでき》さんや高橋由伸《たかはしよしのぶ》さんがいた読売ジャイアンツ。近所の広場で父さんにボールを投げてもらい、自分はひたすらバットを振っていた。

じゃあ、どうして野球じゃなくてサッカーを?

それは、単純にボールを蹴ることが楽しかったから。

いろんな球技があるけど、基本、足だけでプレーするなんてサッカーだけだろう。

初めのうちは、ゴールを決めたり、相手をかわしたりすることよりも、とにかくボールを蹴る面白さに夢中だった。

どれだけ遠くまで飛ばせるかを試してみたり、壁につけた目印を狙って蹴ってみたり。逆の足でも利き足と同じようにできるかどうかを試したら、これが全然ダメで、「もっと練習しなきゃ」と思って、ボールを蹴る時間がどんどん増えていった。

リフティングにしても、何回できるかだけじゃなく、ボールタッチの順番やリズムを変えたりしながら、もっと上手くなりたいと、いつも思っていた。

そんなふうに、ボール1個あれば1人でも楽しめる点も、サッカーにのめり込むようになった理由の1つだ。

自分だけのときも、父さんや3学年下になる弟の暁《さとる》と一緒のときも、とにかくボールを蹴るのが楽しくてしょうがなかった。

人と比べない

横浜市立南戸塚小学校に上がると同時に入団したのは、南戸塚SCというサッカークラブ。6年生までが対象で、人数は多くても1学年十数名程度だったと思う。

日本サッカー協会にも加盟していなかったから、公式戦は地域内のチーム同士の大会だけ。全国大会はもちろん、市大会や県大会とも縁のない地元のアマチュアクラブだった。

小学校の校庭で行われる練習も、平日は火曜と木曜の週2回で、週末は土日のどちらかだけという感じ。

親たちがコーチの手伝いをすることも普通で、学生時代にサッカーをやっていた父は、ほかのお父さんたちよりも見た目に上手かった。

だから子どものときはほとんど父親にサッカーを教わったようなもので、父さんがピッチ上で最大のライバルだった。

遊びで一緒にボールを蹴っているときにも、フェイントのかけ方やタイミングとか、相手を背負った場合に、どうすればボールを取られにくいかとか、いろいろアドバイスしてくれた。父さんといい勝負ができるようになったのは、中高生になってからだ。

小学生当時の僕はクラブではいちばん上手くて、バリバリのストライカーだった。足は速かったし、まだ背も高いほう。得意のヘディングでのゴールも多くて、1人で9点ぐらい取って勝った試合もある。

でも、世界的に有名なサッカー選手の少年時代みたいに、「神童」と呼ばれるレベルでは全然なかった。

戸塚区の中でさえ、「南戸塚に遠藤あり」なんて言われたことはない。区の選抜チームでも、注目されていたのは別の選手だったし、チームメイトから、「監督が、過去最強の戸塚区選抜には遠藤みたいなやつがいっぱいいいたって言ってたよ」と聞いてガッツポーズを作りたくなったけど、よく考えれば、「自分みたいなレベルなんてほかにいくらでもいるんだな」と思えた。

残念ながら、それは事実でもあった。

僕は、横浜F・マリノスのセレクションには受からなかった。

5年生のときにはプライマリー、6年生ではジュニアユースのセレクションを受けて、どちらも不合格だった。

小学生時代の自分にとって、プロ選手ははるかに遠い夢。それでも、プロチームの下部組織にいたほうが夢に近づけるような気がして受けてみようと思った。

セレクションがあること自体は父さんが教えてくれた。「受かりっこない」と言われてもいたけど、心の奥の奥には「もしかすると」という淡い期待もあった。

プロの世界は下部組織でも狭き門だ。

100人近い応募者がいて、スプリントやボール・コントロールで運動能力や技術をチェックされた後のミニゲームは、4面ぐらいある小学生用ピッチのすべてを使って行われた。

小学校4年生のとき

そのときの合格者は、1人か2人だったと思う。噂《うわさ》では、僕と同世代でフォワードの小野裕二《おのゆうじ》(現ガンバ大阪)が当時の合格者の中にいたらしい。

一方の僕はといえば、一次選考で振り落とされた。

マリノスの結果は書面で通知が届

き、父さんが「ダメだったね」と言って教えてくれたんだけど、知らされた本人は、これが「めちゃめちゃ悔しかった」と言うほどのショックはなかった。

受ける前から父親に「絶対に無理だろう」と言われていたし、自分でも「ダメもと」という気持ちで受けていたからかもしれない。

最後のミニゲームでは、みんなドリブルしてばかりで、がんがん相手を抜き去れるような選手が目立つように感じたけど、自分はそういうタイプじゃない。

そんなこともあって、セレクションは「俺向きのルートじゃないし」と、冷静に思ったりもした。

小学4年生になってからは、フットサルのコートで主にテクニックを教わる、クーバー・コーチング・サッカー・スクールにも通い始め、クラブと合わせると週に5日はサッカーで、放課後や練習が休みの日にもボールを蹴っていた。

とにかく、サッカーが好き。

純粋に好きだったから、セレクションで受からなかったぐらいじゃへこまない。もちろん、サッカーをやめようなんて思わなかった。

プロになった今、下部組織のセレクションで落ちていたと知ると、周りには小学生のころから大きな挫折《ざせつ》を味わって、それを乗り越えてきたように思われるけど、当時の僕に挫折感はなかった。

見返してやりたいとか、特別に合格者が羨《うらや》ましいとも思わなかった。

なにしろ、落ちた後も自分が入れなかったマリノスの試合を普通に観に行っていたくらいだから。

僕は昔から、あまり物事を気にしない。というか、他人がどうこうということは気にならない。

サッカーでも勉強でも、周りが自分よりどれだけできるかではなく、自分がもっとできるようになるにはどうするかにいつも意識が向いていた。

そういう性格だから、プライマリーやジュニアユースで下部組織入りに失敗した後も、自分がプロ選手という夢に近づくためには、ほかにどうすればいいのかを考えるようになった。なくなった選択肢を悔やむのではなく、別の方法を考えるほうにやりがいを感じていたのだ。

大切なことは自分で判断する

結果的に選んだサッカーの続け方は、中学校の部活だった。

普通に考えれば、プロクラブの下部組織に入れなかったのなら、せめてレベルの高いアマチュアクラブのユースチームでサッカーを続けるほうが無難な選択だ。

僕も、入団テストを受けて2つのサッカークラブから合格をもらってはいた。片方は補欠合格だったけど、いちおう、どちらも地元では強いと言われているアマチュアクラブ（町クラブ）だった。

それでも、僕には中学のサッカー部のほうがいいように思えた。

というのも、神奈川県のトレセン（日本サッカー協会のトレーニングセンター制度）で指導していた先生が、僕の進学する中学校に赴任して監督になったところだったのだ。「南戸塚中学のサッカー部に来ないか?」と、中学校でもサッカーを教えていた南戸塚FCのコーチに誘われもした。

実際、小学6年生のときに練習試合の見学に行ってみると、いきなり背番号18のユニフォームを渡されて中学3年生に交じって試合に出してくれた。

特別に目立つような選手ではなかった自分を、そこまで買ってくれていた。それが嬉しかった。

部活なら、学校が終わってすぐに練習ができるし、評価してもらえているから試合にもたくさん出られる。

自分がトレセンに選ばれる可能性も高まるかもしれないという期待もあった。だから、地元のクラブチームか中学のサッカー部かという重要な決断も、結局は悩んだと言えるほど悩まず、かなり直感的に決めた。

親にも相談しなかった。そもそも、両親は自分のことは自分で考えさせる方針で、いつも僕の気持ちや考えを尊重してくれた。

サッカーの朝練にしても、ほかの習いごとにしても、たとえ途中で嫌になったとしても無理強いはされなかった。基本的には、なんでも自分で考えて決めなさいというスタンス。父さんからは、「自分で判断するんだ」とよく言われてもいた。

日常生活では、「どっちがいい?」と訊《き》かれると、「決めてもらっていいよ」と答えたりもするから、身近な人たちには優柔不断だと思われているかもしれない。

けれど、自分が持っている夢や、その夢を叶えるためのやり方や目標に関しては、昔からスパッと決断できた。両親も、地元の中学校でサッカーを続けるという選択に賛成してくれた。

本当に大切なものだから悔いのないように自分で決める。それしかないと思う。

腰を据《す》えて取り組む

2005年4月に入学した横浜市立南戸塚中学校のサッカー部は、決して強いチームではなかった。

練習環境も恵まれていたとは言えない。ただでさえ広くはない校庭は、野球部やテニス部と一緒に使うから、めったにサッカー部がフルサイズで1面確保することなんてできない。

最初のころは、ゴールにネットがなかったり、ボールも使い古されたものばかりだったりで、前の年に赴任してきた監督の下で、まずは用具の新調から始まった。

それでも、ここでサッカーをするんだという気持ちが弱まったりはしなかった。

プロのスカウトの目に留まりにくいんじゃないかとか、夢に遠回りすることになるんじゃないかという不安はなくて、小学生時代からのチームメイトもいるし、ここのほうが自分に向いているという感覚は変わらなかった。

実際、間違ってもいなかった。用具というサッカー部のハード面はしだいに整っていき、もっと大切なソフト面も充実していった。

途中から、監督と同じくトレセン・レベルで指導経験のある先生がゴールキーパー（GK）コーチとして加わった。外部から教えに来てくれていた南戸塚SCのコーチを合わせて3名体制の指導は、強豪校でもない中学のサッカー部にすれば、すごく贅《ぜい》沢《たく》だ。

そしてチームメイトのゴールキーパーには、サンフレッチェ広島のユースに入ることになる桜井《さくらい》（涼《りょう》）がいた。

Jリーグのクラブからいくつかオファーがあった桜井は、自分なんかよりも断然注目されていた選手だ。3年生のときには、僕を拾ってくれた湘南ベルマーレのユースに一緒に入るかどうかを悩んでもくれた。

僕らが揃《そろ》って最上級生だった当時が、南戸塚中サッカー部の最強時代。

惜しくもPK戦で散った2007年度神奈川県中学校サッカー大会でのベスト8入

りは、今でも過去最高の成績として学校の記録に残っていて、J1クラブのユースに入ったOBは彼と自分が初めてだった。

桜井とは今でも仲がいい。ユース時代にも、彼が広島から帰郷すれば必ず会っていたし、就職した現在も、僕が日本に一時帰国するときには連絡を入れている。

ブンデスリーガでの2020-21シーズン、シュトゥットガルトがボルシア・ドルトムントから大量5得点で金星を奪った試合後には、LINEでメッセージを送ってきてくれた。地元の中学校に進んでサッカーを続ける道を選んだことで、一生つき合える大切な仲間と出会えた。

物《もの》怖《お》じせずにやってみる

自分のサッカー人生で初めてのターニングポイントも、中学での部活時代に訪れた。

それは、2年生の終わりごろ、監督から打診されたセンターバックへの転向だった。3年生が抜けるチームの新しい構成を考えていた先生から、「ほかに務められる選手がいないから、後ろでやってみないか」と言われたのだ。

部員は3学年合わせて50人ぐらいいたけど、確かに最終ラインの中央で守備の要になれそうな選手がいなかった。

一方、当時フォワードから、トップ下のほかに中盤の底まで持ち場を下げることもあった僕としては、さらに1列後ろでディフェンダーとして守備を安定させながら、攻撃でも最終ラインの起点として前線に送るロングパスの精度を磨くことができる。複数のポジションをこなせれば選手としてプラスになるから、センターバック挑戦はいい経験にもなる。直感的にそう思い、その場で「はい、やってみます」と答えた。

センターバックへのコンバートは、少しずつだけど、トレセン入りというステップアップを経験させてくれた。

一口に〝トレセン〟と言っても、実際には複数の段階がある。

僕がいた神奈川県の場合は、まず、Aブロック、Bブロックというようにエリア別になっている横浜市のブロックトレセンがあった。そこでの練習や、ブロック間での交流試合で評価されると、市のトレセンに選ばれる可能性が出てくる。

Jリーグのクラブの下部組織に所属している選手たちも対象になる県のトレセンは、

そのさらに上のレベル。

部活で一緒だった桜井は、県トレセンのゴールキーパーでもあった。周りは、横浜F・マリノスのユース選手だらけだったらしい。

僕は、そこでチームメイトにはなれなかった。県トレセンの手前にもブロック別の選考段階があって、そのレベルまでしか選ばれなかった。

それでも、普段よりレベルの高い環境での練習や、県内のクラブ選抜チームとの試合は、楽しめるチャレンジだった。

僕はいい指導者に恵まれ、桜井というチームメイトにも恵まれた。いろんな刺激があったし、新しいポジションでプロになりたいという目標がぶれることはなかった。

知識を深める

コンバートに取り組み始めてからは、よく父と一緒にテレビで観ていたプレミアリーグの試合に、ワールドクラスのセンターバックを観察するという楽しみが加わった。

好きだったチームはチェルシー。監督のジョゼ・モウリーニョが、堅い守りをベースにすごく強いチームを作り上げていて、その最終ライン中央でキャプテンマークをつけていたジョン・テリーに憧れた。

実際のプレーに関しても、べつに難しいことは考えなかった。今までどおり、与えられたポジションでチームのために何をすべきかを頭の中で整理して、自分の役割をこなすことに集中した。

ストライカーだったころは、それこそ点を取ることしか頭になかった。

トップ下ではアシストに注力。ボランチで使われたときには、コンビを組むセンターハーフの相棒として問題なくプレーすることだけを考えていた。

センターバックとしては、まずはしっかり守って、相手の攻撃を止めたらロングボールで一気にチャンスを作ることを意識した。最終的には、僕からの縦1本のパスで相手ディフェンスラインの裏をつく攻撃がチーム戦術の一部になった。

センターバックへの挑戦で何か特別なことをしたとすれば、指導者用の教本を読んだこと。

その本は、父さんから渡されたものだった。会社帰りにでも買ってきてくれたのか、普段はこちらが話しかければ応える程度でも、父はさりげなく、しかもタイミング良くアドバイスをくれた。

いきなり手渡された教本には、センターバックの守備に関する基本戦術のような項目が書かれていた。

ポジショニング上の注意点、コンパクト（前線から最終ラインまでの幅を狭めて行う守備）、守備ブロック（中盤と最終ラインの選手の連動による守備の陣形）、チャレンジ&カバー（守備の役割分担）のような基本的な内容だけど、当時の僕は、「これが全部できたら、めちゃめちゃ上手く守れそう」と思いながら目を通していた。

もちろん、そんな本を読んでいるチームメイトなんていなかったし、「中学のチームじゃ無理だな」と感じながらも、読んで理解して実行しようと努力したことが、現在に生きている。

サッカーに限らず、僕は気になることは調べたり勉強したりするのが好きなほうだ。英語も最初は苦手だったけれど、海外でプレーするために身につけたかったから勉強したし、今もなかなか時間は取れないけどドイツ語の勉強と一緒に続けている。

もし勉強が苦手でも、興味があることなら楽しみながら学べると思う。

難しさはやりがいになる

南戸塚中のサッカー部では、3年になって最終的にキャプテンを任された。チームは決して強豪ではなかったけど、だからこそ試合で勝つためには工夫が必要だった。部活ではいろんなレベルの選手がいて、どうすれば試合に勝てるか頭を働かせるのは面白く、それはそれですごくやりがいを感じていた。

センターバックの相棒は、中学からサッカーを始めたばかりでも体格が良かったので、ボールを持った相手に当たりに行ってもらい、自分がスペースをケアするようにして、教本で読んだチャレンジ&カバーを試してみたりもした。

部活のキャプテンは試合中にチームを引っ張ればいいだけじゃない。

平日は顧問の先生も忙しくて、練習を見に来ることができないことも多い。だから、キャプテンには先生のアシスタントみたいな役目もある。

事前にメニューを確認して、代わりに自分が練習を進めていく。グループに分かれてのボール回しとか、2人1組でのボール・コントロール、インサイドやインステップといった基本的なキック、そしてヘディングの練習に、全員で順番に蹴るシュート練習。

試合がある日のチームリーダーは、文字どおりの「引率者」でもあった。先生とは試合会場で合流するから、移動中は自分たちだけ。

キャプテンの仕事は、電車の乗り換えや、会場の最寄り駅から歩く道順を前もって調べることから始まる。

試合前日には、練習後にボールを数えながらバッグに入れて、翌日のボール担当に指名した部員に「忘れずに持ってきてくれよ」と言付ける。

当日は、地元の駅に集合したチームメイトたちを、改札では1列、電車を降りて歩くときには2列に並ばせる。タラタラ歩くやつがいると列が乱れてしまうので、真面目で信頼できる部員をサポート役として列の後ろに配置したりもした。

キャプテンシーの基礎は、ここでしっかりと身につけさせてもらった。

目標を持ち続ける

最初に触れた、10年後の自分に宛てた手紙を書いたのも、この中学3年のときだった。

「僕は未来の自分がサッカー選手になり、プロとして活躍している事、日本代表として活躍している事を期待しています。そして、世界に通用するDFとしてサッカーを楽しんでいる事を期待しています」

サッカーは楽しいという感覚は、部活でサッカーをしていた当時も、ブンデスリーガでプレーしている今も変わっていない。ずっと大切にしている、サッカー人生の原則のようなものだ。

その点を評価して、チーフ・アスレティック・トレーナーとして日本代表チームを支えてくれている前田《まえだ》（弘《ひろし》）さんは、育成年代向けの講演で10代の僕が書いた「10年後の自分宛の手紙」を紹介してくれている。子どもたちにサッカーを楽しむことの大切さを伝えるメッセージの1つとして。当時の自分は、楽しくなければ続けても意味がないぐらいに思っていた。

サッカーでも何でも、問題や壁にぶつかって苦しいと感じたら、その対象が本当にどこまで好きなのかを考えてみればいいと思う。

絶対に捨てられない夢だと感じるほど好きなら続ければいい。そうじゃないなら、またほかに何か、心の底から夢中になれるものが見つけられるかもしれない。

周りより少し上手い程度だった少年時代の僕にとって、プロ選手や日本代表選手は遠い夢だった。

けれど、漠然《ばくぜん》とした夢ではなかった。具体的な目標だった。

中学3年生の自分から届いた手紙を読んで、改めてそう感じた。

あきらめない

部活でのいちばんの思い出は、3年生のときに試合で桐蔭《とういん》学園に勝ったときのことだ。

僕の中学から見た桐蔭学園は、上手くて、強くて、厳しい三拍子の揃った明らかな格上。僕らがベスト8入りした2007年の県大会でも優勝して4連覇を成し遂げていた。

ただ、自分たちも決してやわなチームではなかった。最終ライン中央の僕の後ろには、桜井がゴールキーパーとして控えていて、最前線のフォワードも、市のトレセンには選ばれる実力があり、チームの背骨にあたる縦のラインはしっかりしていたから。

延長戦でも決着がつかなかった試合はPK戦に突入した。

そうなれば、どっちが勝ってもおかしくない。僕らには、セーブで勝利を引き寄せられる守護神もついている。実際、桜井が相手のPKを止めてくれて、南戸塚中に軍配が上がった。

格の違いからすれば、ブンデスリーガでの1部昇格1年目に、シュトゥットガルトがボルシア・ドルトムントに大勝した一戦どころではない超大番狂わせだ。センターバックの相棒は、「桐蔭に勝った！ 桐蔭に！」と大騒ぎだった。

その姿を見て、自分もよけいに嬉しくなった。

強豪じゃなくたって、工夫すれば勝つことはできる。何かが欠けていても「ならどうする？」と考える楽しさを味わえる。

部活だから、みんながプロを目指すわけじゃない。中学からサッカーを始めたチームメイトももちろんいて、みんな放課後も一緒に遊ぶような友達だった。

そんな仲間たちとサッカーをして、思い出に残るような試合を経験できたこと。それは今でも最高に大切な、形のないトロフィーだ。

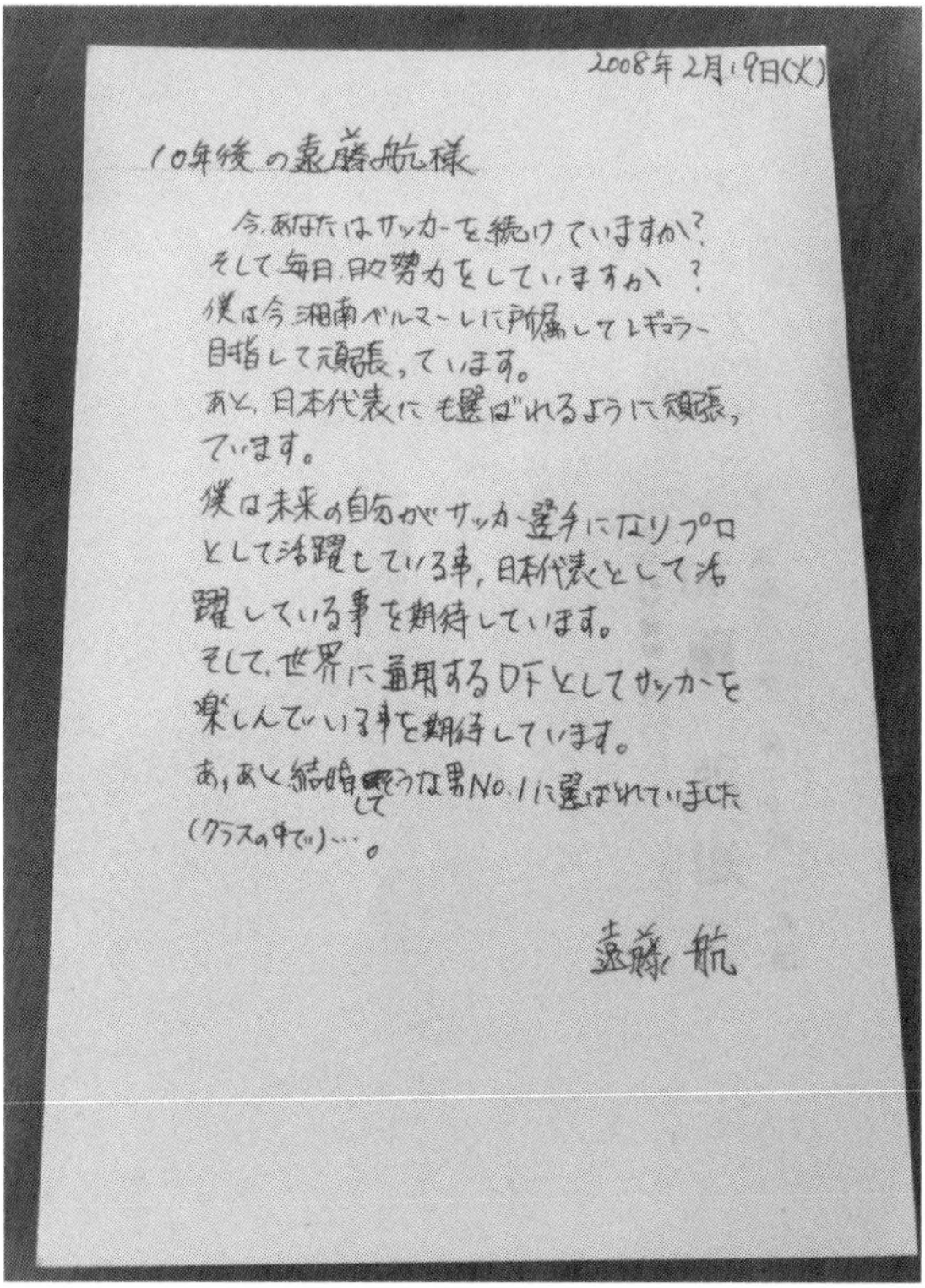

2008年2月19日(火)

10年後の遠藤航様

今、あなたはサッカーを続けていますか？

そして毎日、日々努力をしていますか？

僕は今湘南ベルマーレに所属してレギュラー目指して頑張っています。

あと、日本代表にも選ばれるように頑張っています。

僕は未来の自分がサッカー選手になりプロとして活躍している事、日本代表として活躍している事を期待しています。

そして、世界に通用する日本としてサッカーを楽しんでいる事を期待しています。

あ、あと結婚してそうな男No.1に選ばれていました(クラスの中で)…。

遠藤航

2nd Step

より高いレベルに身を置く

いつもどおりの自分で

湘南ベルマーレからユースチームの練習に呼ばれたのは、センターバックとしてプレーするようになっていた中学3年の夏だった。

部活で、先生から「センターバックをやってみないか?」と言われていなければ、僕にとってプロ選手は夢のままだったかもしれない。

GKコーチの先生がクラブにコネクションがあり、前の年にもサッカー部の先輩に声がかかったことがある。ユースチームに引っ張られはしなかったものの、練習に呼ばれただけでも「すごいな」と正直思った。

僕らの代では、フォワードをやっていた選手を含めた3人が練習に参加することになった。

クラブ側は、ゴールキーパーの桜井が目当て。練習に呼ばれる前に湘南ユースとの練習試合を組んでくれたときも、もちろん僕らが負けたけど、ゴールキーパーのスカウトが目的だったと思う。

桜井の手前が定位置になっていた僕は、「センターバックにも面白そうな選手がいる」と思ってはもらえたようで、一緒に練習参加の声がかかることになった。

とはいえ、いい意味での緊張感はあっても、ガチガチに硬くなったりはしなかった。ただ、「中学生には無理」と思っていた教本の内容を、同世代の選手たちが普通に実践している光景には驚いた。

チャレンジ&カバーなんて当たり前。プレッシングも素早くて、「やっぱ、Jリーグのユースは違う」と感心した。

湘南のユース選手たちに交じって練習試合に出たのは、２回目の練習参加のときだったと思う。

相手は柏《かしわ》レイソルのU－18チーム。学年でいうと僕より２つ上、計９人がプロ入りすることになった、とんでもなく強い世代のチームで、指宿《いぶすき》くん（指宿洋史《ひろし》／現清水エスパルス）や、タケくん（武富孝介《たけとみこうすけ》／現京都サンガ）がいた。今は日本代表チームメイトの宏樹《ひろき》くん（酒井《さかい》宏樹／現浦和レッズ）も、柏でユースから上がった「１９９０年生まれ」の１人だ。

チームとしては負けたけど、個人的には手応えがあった。すごくいい感覚でプレーできていた記憶がある。得意のヘディングでは、今では身長１９５センチの指宿くんにも勝てた。

後から聞いた話では、当時、湘南のU－18チームの監督だった曺《チョウ》さん（曺貴裁《キジエ》／現京都サンガ監督）が、身長差があっても空中戦で負けない僕を見て、「遠藤は空間認識能力が高い」と言って評価してくれたらしい。

最終的には、湘南のユースチームとトップチームの両方で指導を仰ぐことになる曺さんとは、中学3年での練習参加が初対面で、「めっちゃ優しい人だな」という第一印象だった。

「卒業後はどうするんだ？」、「湘南のユースを第1候補で考えてくれているのか？」と声をかけてくれて、僕は「はい」と答えた。

湘南は当時2部リーグに落ちていたから、心の片隅に「Jリーグのクラブだけど J1じゃない」という気持ちがほんの少しだけあったものの、もし入れてもらえるのなら絶対に入りたいと思っていた。

そのころは、プロの下部組織が難しそうなら、高校サッカーの強豪校に進学しようと考えてもいた。

候補は、神奈川県内では桐光《とうこう》学園。県外では、青森山田高校や静岡学園あたり。サッカー留学で寮生活をする覚悟もできていた。

静岡学園は、湘南から練習参加後の返事が来る前のタイミングで一次選考は受けて、通った後に湘南ユース内定の知らせがあったので二次は受けなかったような気がする。記憶が定かじゃないくらい、湘南のユース入りは嬉しかった。

実際には、その後で湘南のセレクションにも参加して、選考過程の一部だった練習試合でもプレーした。といっても、内定をもらっていたから、形式上の参加だった。

当日のセレクションだけで合格した参加者は1人しかいなかった。

もし自分も同じ条件だったらどうなっていたかはわからない。ただ、あのユースとの練習試合でも、静岡学園のセレクションでも、僕はそれほど緊張しなかった。「自然体で」と意識することもない。

基本的に自分は自分と思っているからだけど、特別に緊張しない裏には、自分としてやれるだけのことはやった、という思いもあるのかもしれない。

刺激を楽しむ

僕は歩いて30分ほどの公立高校に通いながら、湘南ユースに入ることになった。プロのユースは、部活でサッカーをしていた僕にとっては別世界のような環境だった。

当たり前の話だけど、みんな上手い。

周りは小学生でセレクションを通過して入団しているようなエリート選手ばかり。しかも、たとえ高校1年生でも、選手としての能力が高ければ3年生を差し置いてでも試合で使われる。

中学のサッカー部では、やっぱり普通は上級生が試合に出ていた。僕自身は幸運にも1年生のころから使ってもらっていたけど、そういうケースはあまりない。

それが、学年なんて関係ないユースチームは、もう実力がすべてのプロの世界だ。ユースのチームメイトには、年代別の日本代表に選ばれている選手もいた。僕より1年早い1992年生まれでも学年は同じ岡崎亮平《おかざきりようへい》（現FC琉球《りゆうきゆう》）で、ポジションもセンターバック同士。それまで、県のトレセン入りを目指すのが精一杯だった自分にとっては衝撃的だった。

もちろん、ずっと県のトレセンにも選ばれてきた彼にすれば、ユース代表入りも当然の流れだろうけど、同学年の代表選手には触発された。

もともとマイペースだから、特別にライバルとして意識したわけじゃないし、仲も良かった。そういう選手と一緒にサッカーができるレベルに自分がいられることが嬉しくて、新しい刺激を日々楽しんでいた。

目標をブレイクダウンする

プロ選手と同じく、ずっと夢だった代表選手が現実的な目標になったのも、ユースに入ったころだ。

小学生のときから、身近な目標を決めて、それを達成するために何をすべきかを考えながらやってきた僕は、頭の中で、「自分が年代別代表に選ばれるようになるには？」と考えるようになった。

絶対に叶えたい夢に向かう途中で、その都度、頑張れば届きそうな目標を現実とのバランスを考えながら設定できる人間は、地道な努力を繰り返しながら、少しずつでも着実に夢に近づいていくことができると思う。

そんな姿を、見ていてくれる人は絶対に見ていてくれる。体格に恵まれているわけでも、ずば抜けて足が速いわけでもなく、プレースタイルに華があるタイプではないうえに、地味なセンターバックというポジションでプレーしていた僕みたいな選手が、プロのユースチームに入ることができたように。


ユースに入った当初の僕にとっては、体作りからして「今やるべきこと」だった。

個別のロッカーまで用意されているジムを使えること自体が「すごい」と感じつつ、チーム練習の前と後に汗を流して筋トレに励んだ。毎日の食事もかなり意識した。

まずは、栄養のバランスというより、食べる量そのもの。

周りからも、もっと食べて体重を増やすように言われていたので、学校で二段弁当プラスおにぎり2個は普通に食べて、さらにユースチームの練習後に食べることもあった。

センターバックとしてのプレーに関しては、フィードの中でも縦パスを意識して取り組んだ。

足元の技術はそれなりにあったと思うけど、速くて厳しいプレッシャーを受けながらでも、遠くを見て、前の選手に楔《くさび》のボールを入れられるように意識した。それも、まっすぐじゃなく、敵にも読まれにくい斜めに入れるパスを、頭にあるイメージどおりに出せるようになりたかった。

フィードのタイミングにしても、無駄な手数をかけずにワンタッチでパスを出してみたり、状況によっては少しドリブルで運んでから斜めの楔を狙ってみたりしながら、その精度にもこだわるようになった。

自分の現在地を知る

高校時代のターニングポイントは、2年生のときだ。

2009年の秋に新潟で開催された第64回国民体育大会に、神奈川県代表チームの選手として出場し、キャプテンを務めて優勝することができた。

国体のサッカー少年の部は16歳以下が対象だから、チームの構成は学年が1つ下で15歳の選手がメインになる。

早生まれが幸いして高校2年で選ばれていた僕は、キャプテン候補の「上級生」の

1人だった。だから、ラッキーではあったけど、ほかにキャプテンに向いていそうな選手もいたので、最終的に指名してもらえて嬉しかった。

同じころ、目標だった年代別代表入りも果たすことができた。初めての経験は、2009年8月の第10回豊田国際ユースサッカー大会でのU－16代表入り。メキシコと韓国のU－16代表チームも招待されていて、初めて海外の同世代と戦うピッチを経験した。

年明け1月には、海外そのものを初体験することになった。コパチーバスというU－18レベルの国際大会に出場するメキシコ遠征メンバーに選ばれたときだ。フライトでの移動は、もちろんエコノミークラス。アメリカ経由で、片道20時間くらいかかった初めての海外は、とにかく遠かった。

肝心の大会のほうは、日本は3年後の2011年U－20ワールドカップを見据えて、U－17代表チームで参戦していたにもかかわらず決勝まで勝ち上がった。最後の最後で開催国メキシコに1－2のスコアで負けてしまったけど、相手は年齢グループが1つ上のチーム。その前の2年間はグループステージで敗退していた大会で、過去最高の成績を残して帰国することができた。

もっとも、僕自身には過去の成績と比べてどうこう言っている余裕などなかった。U－17代表入りの嬉しさでいっぱいで、試合でしっかりプレーすることしか考えられなかったし、初めての海外遠征の緊張と長時間のフライトで、充実感と同じくらいの疲労感とともに日本に帰ってきた。

選手として、「海外」という意識が芽生えるきっかけではあったけど、まだ「海外移籍」を考えるところまではいかなかった。

真剣に海外でプレーしたいと思うようになったのは高校3年になってからだ。

日本のサッカーも技術や組織の部分では能力が高いから、集団としては渡り合えても、やっぱり個の部分で外国人との身体能力の差を思い知らされることはある。

いい試合をしていても、最終的には、ずば抜けたフィジカルを持つ選手や、噓《うそ》みたいに足が速い選手にやられてしまうようなことがある。

そういう日本人の感覚では規格外みたいな相手との勝負は面白いし、対戦すればするほど、ますます興味をそそられた。

ただ、まだ湘南のユース選手にすぎなかった当時の僕としては、かえって実力の差が実感できたから、まずはトップの1軍でプレーできるようにならなければ何も始まらないという気持ちでいた。

やるべきことをやる

僕が湘南でトップチームに昇格することができたのは2010年。

小学生でJリーグのクラブの下部組織に入れるようなエリートではなく、中学時代も部活でサッカーをしていて、高校からやっとプロのユースチームに入った自分も、ついにプロ選手という夢の入り口まで辿《たど》り着くことができた。

もちろん、実力的に同じくらいだと思える選手や、自分よりレベルが高いと感じる選手はたくさんいる。

だけど、夢の実現を目指して自然と努力を続けられるほどサッカーが好きなら、「あいつのほうが俺より上手い」みたいに思って落ち込んじゃいけない。足を止めちゃいけない。そんな必要はまったくない。大事なのは、「好きだから上手くなりたい」という自分の気持ちだけだ。

自分より「上」の選手なんて、それこそ世界に目を向ければいくらでもいる。高校3年の終わりにプロになることができた後も、僕自身が痛感し続けているように。

3rd Step
どうすれば
もっと強くなれるか
考える

覚悟を決める

湘南ベルマーレとプロ契約を結んだのは2011年2月。

僕は、神奈川県立金井《かない》高校で3年生の第3学期を迎えていた。

2年生のときに初めて練習に呼ばれたトップチームでは、3年生の1学期から18名の試合当日メンバーに選ばれるようになっていた。

嬉しかった。ユースから上がったばかりのころは、練習から天然芝のピッチでボールを蹴られるだけでもわくわくしていた。

中学の部活で土のグラウンドだった僕にすれば、ユースの人工芝でもすごいことで、トップチームになると練習場にも芝のピッチが2面。

フィジカルトレーナーが3、4人いることにも、練習が終わったらすぐにシャワーが浴びられることにも、アウェイゲームで泊まるホテルにも感動していた。

最初、高校3年でトップチームのピッチに立ち始めたとき、僕は「2種登録選手」だった。

簡単に言うと、Ｊリーグ公式戦への出場は認められていても、まだプロではないため出場することで給与を受け取ることは許されない選手。

勝利給のような報酬もない。僕の場合、プロ契約前に出場した計7試合で1つも白星がなかったから、Ｊリーグの登録規定が違っていても勝利給はなかった。

でも、「2種登録選手」としてリーグ戦6試合で起用してもらっていたことで、思いがけずA契約選手としてプロ契約を結ぶことができた。

Ｊリーグの選手契約にはA、B、Cの3種類がある。

新人はいちばん下のC契約で、僕も、湘南からプロ契約のオファーをもらった時点ではC契約の対象選手だった。

ところが、実際に契約を結ぶ前の2010年、チームとしては復帰1年目だったＪ1で「450分（フル出場5試合相当）以上」という条件をクリアできていたから、A契約の待遇で選手契約書にサインすることができた。

原則、1チームあたり25名に限られるA契約は、レギュラーや準レギュラーの選手に与えられるもので、B契約とC契約にある最高480万円という年俸の上限もない。

きわどくA契約選手としてプロになることができてラッキーとは思ったけど、舞い上がったりはしなかった。初めての給与で特に大きな買い物をした記憶もないし、両親の反応も、同じくらい地味だったような気がする。父さんは、「これから先が肝心だな」ぐらいの感じで、お祖母《ばあ》ちゃんからはかえって不安定な将来を心配され、大学進学を勧められたことを覚えている。

よくよく考えてみると、それが高校を卒業して、神奈川大学に進むことにした理由の1つになっていたのかもしれない。

ただし、いちばんの理由はクラブのアドバイスだった。

30歳前後でベテランと言われる現役キャリアの短さや、怪我《けが》や病気で選手生命を絶たれるリスク、契約外になる可能性を考慮し、クラブは若手に対するケアの一環として大学進学という選択肢の話をしてくれる。

僕には、「大学で勉強するのもありだな」と思えた。そこで、神奈川大の人間科学部に進むことにした。

だけど、プロ生活との両立は2年が限界だった。

午前中のチーム練習が終わった後は大学へ行って講義を受ける。単位を取るためには、出席日数はもちろん、レポートもこなし、試験で合格点も取らなければならない。

練習後に授業を受けるサイクルには慣れているつもりだったはずが、高校と大学、そしてユースとトップチームでは、「しんどい」と感じるレベルが違った。

二十歳になる1カ月ほど前には結婚し、実家を出て新しい生活も始まった。

半分くらいは単位も取れていたけど、僕は覚悟を決めてプロのサッカー選手一本でやっていく決心をした。


この年ごろで、プロ選手になる夢をあきらめる人も世の中にはいると思う。

僕自身は高校からのユース入り。神奈川大の同期生には大学を卒業してプロになった純也《じゅんや》（伊東《いとう》純也／現KRCヘンク）もいた。

だから、とことん本気でやり続ければ夢は叶うんだと言いたいけど、考えた末なら、途中でやめたとしてもそれも1つの決断だと思う。

サッカー選手になることだけが人生のすべてじゃない。

サッカーに限らず、途中から別の道を選んで成功する人はたくさんいる。

大事なのは、覚悟を決めるのも決断するのも自分だということだ。

常に上を目指す

プロになった途端に何が変わるかというと、サッカーでお金がもらえるようになるほかに、「サインください」と言ってもらえるようにもなる。

だから、サインの〝自主トレ〟も必要だった。

もちろん、自分の中に「プロなんだ」という意識も芽生えた。

監督やコーチから、「これからはサッカー選手という目で見られる。その立場をわきまえて行動するように」と言われたことも覚えている。


チームの先輩たちから、プロとしての姿勢を学ぶことも多かった。自分の体のケアの仕方から、周りとのコミュニケーションまで。

僕がユースから上がった当時の湘南は寺川能人《てらかわよしと》さんがキャプテンで、寺川さんが先発しない試合では坂本紘司《さかもとこうじ》さん。

ソリさん（反町康治《そりまちやすはる》監督）がキャプテンを固定するタイプではなかったから、田村《たむら》雄三《ゆうぞう》さんとか、目上の選手たちが代わる代わるキャプテンマークをつけていた。

それだけベテラン選手が多かったチーム事情を、トップチーム初体験の僕は普通だと思っていた。実は、ほかと比べて年齢層が高いチームだったと気づくまでに2年ぐらいかかった。

みんな、優しい先輩で、若手の面倒をよく見てくれた。食事にも連れていってもらってご馳走《ちそう》になっていたから、あまりお金を使わなかったのかもしれない。

2012年に紘司さんが引退したときの言葉は、すごく印象的だった。

今ではスポーツ・ダイレクターとしてフロント入りしている紘司さんは、2000年からミッドフィールダーとしてチームを支え続けた〝湘南レジェンド〟。

僕自身も、ユースのころから「すごい人だなぁ」と、憧れのまなざしで眺めていた。それほどの選手が、「俺は、ほとんどJ2でプレーしていただけ。みんなは、もっと上を目指してJ1でやっていかないとな」と言っていた。

当時の自分にとっては、レギュラーとしてプレーできるだけでもすごいことだったけど、サッカー人生を振り返ってそう話す紘司さんの言葉を聞いて、本当にこれからなんだと思った。

やるからには、ひたすら上を目指し続けるしかないと肝に銘じた。

力の抜きどころを知る

実際、プロになって間もないころ、僕はまだまだのレベルだった。

トップチームでのデビューは、2010年6月5日のモンテディオ山形戦（0－3）。アンカーで先発させてもらったものの、45分間しかもたなかった。前半の途中で体が重くなっていくのを感じた。

17歳だから体力はあるはずなのに、キックオフからずっと緊張感が続く中でのプレーは予想以上に厳しかった。

経験が乏しいから、一瞬でも気を許したらやられてしまうと警戒してばかりで、力の抜きどころが全然わからない。それでも、常に何かをしなきゃいけないという考えが頭にあり、とにかく走ることは走るから体力も消耗する。

結局、動き回ってはみても、具体的には何もチームに貢献できないまま疲れ、キツかった記憶しかない。

初めてのJリーグ戦は、それから3カ月ほど間が空いた9月18日の第23節川崎フロンターレ戦（1－6）。

平塚競技場でのホームデビューでもあったけど、また前半だけでベンチに下がることになった。

ポジションも、1試合目と同じ3－4－3システムの中盤中央。

相手の中盤には、中村憲剛《なかむらけんご》さんと、稲本潤一《いなもとじゅんいち》さん（現SC相模原）という日本代表クラスの選手がいて、前線にはJリーグ得点王になったこともあるブラジル人のジュニーニョ。トップチーム2戦目の僕が対峙《たいじ》して勝てるはずがなかった。

2試合とも硬くなって力が出せなかったわけではなく、心身両面での耐久性が足らなかった。

今では1試合平均で11キロ台の走行距離が当たり前になっている。試合の中での力の抜きどころもわかるから、当時と比べれば体つきも含めてタフになったと思う。

高校3年でのデビューではあったけど、僕自身、特別に早いデビューという感覚はなかった。

裕也《ゆうや》（久保《くぼ》裕也／現FCシンシナティ）も、高校生で京都サンガF.C.のトップチームに昇格していて、宮吉拓実《みやよしたくみ》は京都とプロ契約を結んでもいた。

横浜F・マリノスにいた小野裕二《おのゆうじ》は、リーグ戦初ゴールを決めることになった第26節が、すでにJ1での先発6試合目。宮市亮《みやいちりょう》（現横浜F・マリノス）なんて、プレミアリーグのアーセナルに行くらしいと聞いていた。

ただ、デビューした2010年にゴールを決めれば、Jリーグの最年少得点記録に自分もランクインできるんじゃないかという気持ちはあった。

川崎戦の後はセンターバックとして起用されるようになっていくのだけど、セットプレーの場面では、いつも「このワンチャンスで点を取りたい」と思いながら相手ゴール前に上がっていた。

実際にネットを揺らすことができたのは、12月4日に行われた最終節でのアルビレックス新潟戦（1－3）だった。

守備の選手だって、自分でゴールを決めれば嬉しい。

後半にボックス内の中央からヘディングで決めたJリーグでの初ゴール。

試合自体は負けてしまったけど、シーズン最後の第34節で狙っていた得点を記録することができて、個人的にはほんのちょっとだけ満足感があった。

〝17歳9カ月25日〟は、今でもＪ１最年少得点記録のトップ10内に入っている。

初ゴールを決められたのは、少しずつトップの試合に慣れてきて自分らしさが出せるようになってきたからでもあった。

負けの重みを知る

Ｊリーグ1年目にいちばん強く感じたのは、やっぱりプロの世界の厳しさだった。

２０１０年の湘南は、最終節を待つまでもなくＪ２降格が決まっていた。10年ぶりに復帰したＪ１から、すぐ2部に逆戻りすることになってしまった。

僕自身は、１年目から試合にも出ることができたシーズンに得るものがあった一方で、チームメイトやファンの喪失感が伝わってきて、辛くなかったといえば嘘になる。

降格が決まったのは、アウェイでの第30節清水エスパルス戦（０－５）。

降格回避をあきらめずに気合いを入れて臨んだにもかかわらず、結果は大敗だった。

小野伸二《おのしんじ》さん（現コンサドーレ札幌《さっぽろ》）と、岡崎慎司さんに合わせて３ゴールを決められた。

降格が決まった翌節（0－1）では、ホームで名古屋グランパスにリーグ優勝を決められもした。サポーターのみなさんには、本当に申し訳ない気持ちだった。

試合自体は僅差のスコアで内容も悪くなかったとはいえ、目の前で、しかも自分たちのホームで相手チームに優勝を決められて悔しくないはずがない。

それは、リーグ優勝したいという気持ちを強めた敗戦でもあった。

カップ戦を含む7試合を経験した1年目を終えた時点では、自分が得意としていたビルドアップの部分はJ1でも「やれる」と手応えを感じていた。

守備に関しても、ポジショニングの面では「合格点かな?」という感覚でいた。

それでも、フィジカルの部分、球際の強さで力負けしてしまうことがあった。

対スペースの守りはできていても、対人の守備が足らない。

敵のロングボールが自分のところに来た場合には、相手を抑えてマイボールにすることができていても、センターバックとして定位置を獲得するには、もっと自分からアクションを起こしてボールを奪いに行くような守備をする必要があると思っていた。

厳しさに感謝する

トップチームのレギュラーになれたのは、18歳で開幕を迎えた2011年。J2でリーグ戦34試合に出場した僕は、続く2012年にキャプテン、厳密にはゲームキャプテンとしてシーズンに臨むことになった。

2部に落ちて2年目のチームは、ベテラン勢が抜けて平均年齢22歳程度の若いチームへと変わらなければならなかった。

紘司さんは残っていたけど、当時33歳でベンチスタートが増えていた。そこで、ピッチ外でもチームを束ねるクラブキャプテンを紘司さんが務めて、試合でのキャプテンマークはスタメンの中で僕が巻くことが多かった。

19歳だった自分をキャプテンに抜擢《ばってき》してくれた監督は、2012年からトップチームで指揮を執ることになった曺《チョウ》さん（曺貴裁《キジェ》）。

僕にとっては、サッカー人生で最大の恩師だ。

トップでデビューさせてくれたソリさんにもすごく感謝しているけど、曺さんがユースチームに拾ってくれたから湘南でプロになれたし、いちばんつき合いの長い監督

湘南ベルマーレ２年目の 2011 年シーズン

でもある。

ユースに入る前は優しいと思っていたものの、いざ入ってみると、厳しい監督だった。レギュラーになりたてのころは、調子に波があっても、「まあ、試合に出られているからいいか」と思うことも正直あって、そんな心の緩みまで見抜いて指導してくれたのが曺さんだった。

ソリさんが監督で曺さんがトップチームのコーチだった当時も、1年に1回は「スタメンで出ているからって調子に乗ったらダメだぞ」と釘《くぎ》を刺されていた。

それこそユースで選手と監督とい

う関係だったころから、曺さんから監督室に呼ばれると「また怒られるな」と覚悟していた。

でも、そういう存在はありがたい。その度に、初心に返ることができたから。

曺さんとは、今も連絡を取り合っている。

新型コロナウィルスの問題が起きる前は、一時帰国に合わせて連絡を入れて日本で会ってもいた。シュトゥットガルトでブンデスリーガの2部から1部に昇格できたときには連絡をくれたし、今では、指導者と教え子というよりも、友達同士みたいな感覚に近い。

もう何かを言われることはないけど、もし僕が何かおかしなことをしたら、やっぱりすかさず釘を刺されそうな気がする。

アグレッシブにいく

そんな曺さんが、会話の中で今でもよく触れる試合がある。2012年3月4日の京都戦（2－1）だ。

ホームで後半ロスタイムに逆転勝ちを決めたJ2開幕戦は、僕自身、「あのシーズンはこの一戦に尽きる」と言える。

当時の京都は、Ｊ1昇格の大本命。前シーズンの天皇杯ファイナリストでもあった。その天皇杯の準々決勝で京都に敗れた湘南は、2度のリーグ対決でも京都に負けていた。

降格2年目の初対決を前にしたチーム・ミーティングでも、曺さんがこう言ったのを覚えている。「世間では95パーセントの人が京都が勝つと思っている」だからこそ、不利な状況でも、自分たちが目指すサッカーをして勝とうじゃないかと。

「湘南スタイル」と呼ばれることになった、攻守にアグレッシブなサッカーだ。

僕らは前線からプレスをかけて少しでも相手ゴールに近い位置でボールを奪い、マイボールになったら人数を割いて一気に攻め込む意識で試合に臨んだ。

京都のストライカーだった裕也が裏に抜けて、ゴールキーパーとの1対1に持ち込まれる場面があった。

自分の不用意なパスが絡んだシーン。間に合わないいんじゃないかと思いながらも、僕は必死になって雨に濡《ぬ》れたピッチをゴール前まで走って戻った。

キーパーもかわされて絶体絶命のピンチ。

次のタッチでゴールを決められてしまう――という瞬間、ギリギリで間に合った。シュートを打たれる寸前にクリアできたのだ。

あのシーンは、スローモーションでも見るように鮮明に覚えている。

そして、最終的には91分のカウンターから決勝のチーム2点目が生まれた。

曺さんが、あのときのクリアで自分の監督人生が変わったと言ってくれるのは大げさだとしても、確かにあの開幕戦勝利は当時の湘南としてはすごいことだったし、チームに与えた自信とインパクトは大きかった。

でも、実際のJ1昇格争いは最終節までもつれ込んだ。

おまけにU－19日本代表に合流中で、自分は昇格決定の場にいなかった。

2位での自動昇格が決まったFC町田ゼルビア戦（3－0）が行われた2012年11月11日は、UAEで開催されていたAFC・U－19選手権の準々決勝イラク戦当日だった。

アウェイゲームに駆けつけてくれた湘南のサポーターたちと勝利のラインダンスを踊ることはできなかったけど、朝から試合経過を追っていたUAEのチームホテルで、僕は嬉し泣きした。

降格と昇格、たった1つの勝ち負けが左右する分かれ目を目の前で見てきたから、初めて昇格を勝ち取った感動は大きかった。

怪我を受け入れる

1部での2013年はプレシーズンの合宿中に怪我をしてしまい、7月初旬まで欠場が続く不本意なシーズンとなった。

肉離れによる戦線離脱は、あのときが初めての経験だった。22歳だったし、自分では、すぐに治るだろうと甘く考えていた。

復帰までに6週間という診断を受けても、1カ月もあれば戻れるんじゃないかとさえ思っていた。

それが結局、再発を繰り返して復帰までに半年ぐらいかかってしまった。

最初は「再発か」と思う程度だったのが、2度目になるとさすがにショックが大きく、MRI検査を受けて「また再発しています」と知らされた病院からの帰り道、泣きたくなった車の中の光景は、いまだに忘れられない。

第14節までベンチ入りすら不可能だったシーズンは、前十字靭帯《じんたい》の不全損傷という膝の怪我でラスト3試合もベンチ外となり、その間に再びチームの降格が決まるという終わり方だった。

直感を信じる

怪我から復帰してシーズンを通して活躍できた2014年、湘南はJ2史上最速で自動昇格を確定し、最終的には勝ち点101ポイントでJ2優勝を決めた。

そして自身3度目のJ1で迎えた2015年が、僕にとっては湘南の選手として最後のシーズンになった。

その年はチームの全員が、自分たちのサッカーがトップリーグでも通用することを証明するんだという気持ちで臨んでいた。

J1復帰を決めた2014年のオフシーズンに浦和レッドダイヤモンズから移籍の話があったときには、すんなり湘南に残る決心をした。

僕は、大事な決断であればあるほど直感を信じる。とにかく、「移籍のタイミングじゃない」という感覚が自分の中にあった。

湘南のレギュラーとしてJ1でしっかり戦うことが、あの時点での自分が挑むべきことだと思えたし、AFCチャンピオンズリーグ出場圏内（リーグ3位以内）だって狙えるんじゃないかと思っていた。


2015年の湘南では、3バックの右サイドが自分の定位置だった。曺さんの提案で、中央のリベロから右ストッパーに変わったのは、その2年前の夏ごろ。真ん中に比べると運動量が必要ではあったけど、やってみると違和感はなかった。3バックの場合は、サイドのストッパーが外側をケアしないと、最終ラインが守備的な5バック気味になってしまう。

だから、どうすれば自分の斜め前にいる右ウィングバックの守備の負担を減らし、もっと攻撃に専念させられるかを考えてプレーすることにやりがいを感じた。

湘南では、曺さんの指名で、PKのキッカーもよくやった。人選の基準は、「外してもメンタル的にパフォーマンスが落ちない選手」だったらしい。

実際、プレッシャーなんて考えてもいなかった。

Ｊ１残留を決めることができたのは、２０１５年10月17日のセカンド・ステージ第14節ＦＣ東京戦（２－１）。

３試合を残して目標を達成し、湘南としてはＪ１で過去最高となる年間８位でシーズンを終えることもできた。

僕自身は、ＡＦＣチャンピオンズリーグの出場圏内に遠く及ばない順位に満足度が低かった。

それもあって、浦和が2年連続で獲得を望んでくれたことには驚いた。

このときは、湘南のチームのことを思うと、すごく迷った。人生の中でいちばん迷ったといえるぐらい。湘南は僕をユースから育ててくれたクラブだ。その湘南で、もっと上の順位を目指したい気持ちもあった。

ほかのクラブからオファーが届いているチームメイトもいたから、同じ境遇の選手たちとは外で食事をしながら話もした。

けど最終的には、ＡＦＣチャンピオンズリーグでも戦ってみたい、近い将来には海外にも挑戦したいという、自分の中で設定していたステップアップのためのハードルを考えると、今回は移籍を決意すべきタイミングだと感じた。

湘南を去る決心を真壁《まかべ》（潔《きよし》）会長に伝えたときには涙で声がつまった。

サポーターたちの前でお別れを告げることができずに心残りだった。

でも、プロの世界とはそういうもの。

幸い、移籍先での翌2016年には、シーズン序盤のリーグ戦4試合目にアウェイでの湘南戦が行われた。

試合前のメンバー発表の時点から拍手で温かく迎えてくれた湘南のファンには、感謝の言葉しかない。みなさんの優しさが本当に身に染みた。

人生の岐路に立ったときは誰だって決断に迷う。そういうときこそ、いちばん正直な自分の直感を信じることが大切だと思う。

より厳しい環境を求める

2015年12月23日に移籍が発表された浦和レッズは、資金力もある日本の強豪クラブだ。

ただ、終わったばかりのシーズンでは、Jリーグでの年間順位は3位で、天皇杯でも準優勝と、タイトルを獲得できそうでできないシーズンが続いていた。

だから僕は「このクラブに再びタイトルをもたらす」という決意を胸にチームの一員となった。

まずは、浦和でもレギュラーの座をつかむことから始まるわけだけど、しっかりと自分らしいプレーができていれば道は開けると、自分を信じていた。

同時に、ビッグクラブに少し構えていたことも事実だった。

それが、いざ移籍してみると、浦和のロッカールームもすごくアットホームな雰囲気で、最初のキャンプでルームメイトになった西川周作《にしかわしゅうさく》くんは、7つ年上の日本代表ゴールキーパーだったにもかかわらず、気をつかって話しかけてくれてすごく優しかった。先輩ディフェンダーの那須《なす》（大亮《だいすけ》）さんも、僕がポジション争いの相手であることを承知で、攻撃的なチームでの守備のバランス感覚について話をしてくれた。

もちろん、サッカーに対する姿勢は、みんな真剣。メリハリが利いていて、やるときはやるという暗黙の了解は、さすが強豪だと思えた。

チームメイトとはすぐに打ち解けることができた。一方で緊張したのは、サッカー人生で初めての外国人監督だったミシャ（ミハイロ・ペトロヴィッチ）との初対面のほうかもしれない。

実際に会ってみるとすごくフレンドリーで、人間的にも戦術的にも魅力的を感じる監督だった。

当時、巷《ちまた》で「ミシャ式」と呼ばれた浦和のサッカーは、いわゆる基本システムを挙げれば3－4－2－1になる。

実際は流動的で、簡単に言うと、マイボールでは4－1－5、相手ボールになると5－4－1へと陣形が変わる。攻撃的なスタイルで、監督からはディフェンダーに対しても攻撃面での要求が多かった。

反面、ボールを失った場合には、中盤の頭数不足をつかれてカウンターを食らうことも結構あり、守備面でのやりがいと〝走りがい〟もあった。

ミシャ体制でのサッカーは、選手としてプレーしていて面白かったし、自分にとって攻守両面でプラスになった。

それだけに、2017年7月というシーズン中の解任はショックだった。強豪クラブの厳しい現実を目の当たりにした。

チームには、2012年から指揮を執っていたミシャの下で長くやってきた選手も多かったので衝撃が大きかった。

少し負けが込んでいた時期ではあり、クラブが公式サイトを通じてファンに謝罪声明を出したりしてもいたけど、シーズン後半戦に入ったばかりのタイミングで、ミシャが辞めさせられることはないだろうという感覚が、選手たちの中にはあった。

解任が決まった時点でのリーグ順位は、ファースト・ステージの20試合を終えて8位。浦和にすれば、下位低迷と言える順位ではあった。

シーズン途中に起こった急転直下の監督交代は、僕にとってはプロになって初めての体験で、勝負の世界、そしてビッグクラブの厳しさを痛感させられる出来事だった。

勝ち方を学ぶ

ミシャ解任の前シーズン、浦和は9年ぶりに主要タイトルを獲得していた。2016年のYBCルヴァンカップ優勝だ。

クラブとしては、13年ぶり通算2度目のJリーグカップ優勝には、移籍1年目だった僕も準決勝第1レグからの3試合にフル出場して貢献することができた。

10月15日に行われた決勝は、2年ぶりの優勝を狙うガンバ大阪が対戦相手だった。

僕らは、その2週間前に同じ埼玉スタジアムでぶつかったリーグ対決に4−0で快勝していた。浦和にとってのガンバは、前年のJリーグ・チャンピオンシップ準決勝と天皇杯決勝で、タイトル獲得の望みを絶たれた相手でもある。

言ってみれば因縁の対決は、終盤に僕らが1−1と追いつき、延長戦でも互いに譲らないままPK戦に持ち込まれた。

最初のキッカー5人は、いつも監督のミシャが決めていた。自分も、その中の1人だった。

実際に蹴る順番は挙手制で、「1番目がいいやつは?」、「ハイ!」という感じで決まっていく。

「1番手はないな」と思って見送った僕は、「どうせ蹴るなら5番目がいいか」と思いながら、ずっと手を挙げずにいた。

5人目のPKは勝敗を決める最後の1本になる場合が多くプレッシャーがあると言われるけど、僕はプレッシャーがあるぐらいのほうがいい。決めれば勝ちというほうの立場にわくわくする。そうしたら、狙いどおりに5番手の順番が回ってきた。

３人目までは両チームとも成功。

続く４人目になって、先に蹴っていたガンバのＰＫを西川くんがとっさに伸ばした足でセーブした。

浦和の４番手は、チュンくん（李忠成《りただなり》）。と思っていたら、「ワタル、ちょっと順番変わってくれ」と言われた。「５番目で蹴らせてくれ」と。

試合後半の同点ゴールは、ベンチを出たばかりのチュンくんがコーナーキックに合わせたヘディングシュートだった。

優勝決定のＰＫも決めてやる、というチュンくんの気持ちは痛いほどわかったけど、５番目で心の準備もしていた僕は、「すいません、でも無理です」と先輩のお願いを断って最後のＰＫを蹴った。

狙っていたコースは、得意のゴール右隅。相手ゴールキーパーも逆に振り、責任を果たすことができた。

思わず両腕を広げて、拳を握り締めながら走り出した気分は爽快だった。

個人的には初めての主要タイトル獲得。試合後には、無事にチュンくんも大会ＭＶＰに輝いた。

2016年Jリーグカップ決勝のガンバ大阪戦、最後のPK

翌月、浦和はリーグでのセカンド・ステージ優勝も決めた。

ホーム&アウェイ方式のチャンピオンシップ決勝（2－2）では、鹿島アントラーズにアウェイゴールの差で敗れて年間王座は逃したものの、常に勝利が期待されているチームでプレッシャーを受け止めて優勝を争う充実感、そして実際にタイトルをつかむ喜びと厳しさを経験できた1年目だった。

引き出しを増やす

ミシャの後任監督には、トップチームでコーチを務めていた堀《ほり》さん

（堀孝史《たかふみ》）が就任した。

サッカーは、監督が変われば、チームのスタイルや基本システムが変わることも珍しくない。

浦和での僕は、3バックの中央がメインで、次に右ストッパー役をこなすことが多かった。

日本代表ではボランチでプレーしていたけど、監督交代を機に浦和でもミッドフィールダーとしての起用をアピールする考えはなかった。

中盤は、陽介《ようすけ》さん（柏木《かしわぎ》陽介／現FC岐阜）や阿部《あべ》さん（阿部勇樹《ゆうき》）といった、選手が揃っていたから。監督が変わった後も、最終ラインが自分の持ち場になるだろうという気がしていた。

そして堀さんが監督になると、後ろが3枚から4枚に変わり、「サイドバックをやってほしい」と告げられた。

同じ右サイドでも、サイドバックのポジションをこなせるという認識は当時の自分にはなかったけれど、右サイドバックとしてプレーすることに抵抗があったわけでもない。

センターバックには、身長180センチ台で僕より体格もいい、槙野《まきの》くん（槙野智章《ともあき》）やマウリ（マウリシオ・アントニオ）がいるし、阿部さんというオプションもある。左サイドバックは、攻撃的に機能するウガさん（宇賀神友弥《うがじんともや》）がいる。

チームとしてのバランスを考えると、自分が右サイドバックに回ることが、いちばんいい選択肢なのかもしれないと思えた。

ステップアップを目指して移籍した浦和で、オールラウンドな能力をさらに高めたいという気持ちもあった。

ポジショニングからタックル、パスのインターセプトからシュートのブロックまで、守備の仕事がしっかりできて、なおかつ、長短を織り混ぜたパスワークからドリブルまで、攻撃のビルドアップでも確実に貢献できるように、攻守両面でプレーの平均値を高めたいと思っていた。

選手としての引き出しの中身を充実させ、与えられたポジションに応じてクオリティの高い持ち味を出せるようになりたかった。そのために、サイドバックとしてのプレーはプラスになるチャレンジだと理解できた。

海外を肌で感じる

クラブとしては10年ぶり、個人としては初めての国際タイトルを手にすることになった2017年AFCチャンピオンズリーグ決勝でも、僕はサウジアラビアのアルヒラルと対戦した2試合（合計2－1）に、右サイドバックとして出場していた。

浦和への移籍を決心した理由の1つが現実になった。

高校3年のころから真剣に海外でやってみたいと思っていた自分に、ヨーロッパのトップリーグで主力としてプレーしていた選手たちと対戦する機会を与えてくれる場が、AFCチャンピオンズリーグのピッチ上だった。

補強予算が豊富な中国のクラブに買われるその手の選手にはアタッカーが多い。だから、ディフェンダーとしてプレーしていた自分は実際にマッチアップする機会も多い。個人レベルでも、アジア他国強豪との試合が楽しみだった。

移籍1年目の2016年は、PK戦の末にFCソウルに負けて16強で敗退してしまったけど、グループリーグで対戦した前年優勝チームの広州恒大《こうしゅうこうだい》（現広州FC）は、

2017年AFCチャンピオンズリーグ決勝、アルヒラル戦第2戦

アトレティコ・マドリーから移籍したばかりだったジャクソン・マルティネスが前線にいた。

翌年に優勝する過程では、グループリーグと準決勝で上海上港《しゃんはいじょうこう》（現上海ポートFC）と計4試合。

Jリーグでプレーした後、FCポルトでUEFAヨーロッパリーグ優勝を経験しているフッキには2回ネットを揺らされた。あの体つきは30代になっていてもヤバかったし、チェルシーの主力としてプレミアリーグ優勝歴もあるオスカルは、やっぱり上手かった。

ただ、チームとしての上海上港は、

「個」のレベルが高い彼らに依存しがちで、対戦相手としてはやりやすい部分もあった。

相手のキーマンを自由にさせず、やるべきことをやれば抑えられる。実際、準決勝での2試合(合計2－1)は1勝1引き分けで浦和が勝ち上がった。

そして、アルヒラルとの決勝第2戦の舞台となった11月25日の埼玉スタジアム、前週の第1戦(1－1)でアウェイゴールを奪っていた僕らは、絶対にゴールが必要なアルヒラルに最後まで得点を許さなかった(1－0)。

右足首の怪我をおして先発していたラファ(ラファエル・シルバ)が終盤にネットを揺らして優勝を決定づけてくれた。

スタンドの真っ赤なコレオグラフィーといい、キックオフ前から熱く燃えてくれたレッズ・サポーターの強力な後押しを背に、アジアの頂点に登りつめることができた。

そしてAFCチャンピオンズリーグというステップを経て、より強く海外に挑戦したいと思うようになっていた。

信じる道を進む

浦和では、アジア王者として迎えた2018年にもシーズン中の監督交代を経験した。

勝ち星のないまま開幕5戦を終えた時点で堀さんが去り、ユースの監督をしていた大槻《おおつき》さん（大槻毅《つよし》）が暫定《ざんてい》で指揮を執《と》ることになった。

オズワルド・オリヴェイラ監督の就任が決まったのは、開幕3カ月目の4月後半。チームの基本システムは4バックから3バックに戻り、その3カ月後に浦和の選手として最後の試合に出場する僕の定位置も、右サイドバックから右ストッパーに変わっていた。

ホームでのラストゲームはシーズン最終節の4日前。2018年ロシアワールドカップから戻って間もない7月18日の第16節名古屋戦（3－1）だった。ベルギー1部リーグに所属するシント＝トロイデンVVへの移籍が発表される3日前の一戦で、まだサポーターのみなさんは知らない状況に心境は複雑だったけど、「これが最後のホームゲームだ」という意気込みで臨んだ。

結果は、シーズンの自身初ゴールを含む2得点。

どちらもコーナーキックに頭で合わせて決めた。身長は178センチでも昔からヘディングが好きで得意な自分らしいゴールだったと思う。

胸の中には、シーズン半ばというタイミングでチームを去ることに少し疑問もあった。

浦和では、国内外でタイトル獲得を経験することはできていても、移籍当初から意識していた肝心のJリーグ優勝という目標は、まだ達成できていなかったから。

だけど、年齢も25歳になって、トップレベルでの国際経験が豊富というわけでもない自分の状況を考えると、真剣に興味を持ってくれているクラブがあるのであれば、今の自分がなすべきことは海外移籍だと判断した。

サッカーも人生も、最終的には自分で決断して、自分が信じる道を進んでいくしかない。

僕は、プロになってからも求められたポジションで応えてきた。躊躇《ちゅうちょ》せずに挑戦してきたからこそ、オールラウンドな能力を高めることができた。

そして選手としてさらに上を目指してレベルアップを遂げるために、この先は中でもいちばん自分の特長を生かせるポジションに絞って、海外でチャレンジしたいと思った。

世界水準を目指すうえでは、中肉中背の自分でも競争できる可能性が高いボランチとして、クラブでも勝負する。

そのために動くべき時が来ていた。

4th Step

自分の道を決める

新しい可能性に挑戦する

僕は、クラブレベルでは、キャリアの半分以上をディフェンダーとして過ごしてきた。でも、代表チームでは、まだ年代別代表だったころから中盤中央で起用されるようになっていた。

初めて中盤の選手として試合が続いたのは、U－21代表時代の2014年。韓国で開催された第17回アジア競技大会でのことだった。

準々決勝で敗退するまでの5試合のうち4試合に先発し、4－3－3システムが採用された2試合ではアンカー、4－2－3－1で臨んだ2試合ではダブルボランチの1枚として起用された。

当時、所属していた湘南ベルマーレでの持ち場は3バックの一角で、正直、1列前になっただけで、めちゃくちゃキツかった。

でも、監督だったテグさん（手倉森《てぐらもり》誠《まこと》／現ベガルタ仙台監督）は、ディフェンダーとして招集された自分のボランチ起用に好感触を持ってくれていた様子で、「中盤の底で使っていくぞ」と言われていた。

ボランチは、ディフェンスラインの盾となるポジション。ディフェンダーの気持ちが理解できる僕は、その部分がメリットになるんじゃないかという考えが頭の中にあった。それに、縦にパスをつけるという攻撃の起点としての持ち味は、センターバックよりも前線に近いアンカーのほうが発揮しやすいだろうとも思えた。

中盤の中央でもプレーできる、代表ではそこでプレーできなきゃいけないんだという覚悟で取り組んだ。


そういう気持ちでやっていると自然とそうなっていくものなのか、アンカーで出場した16強でのパレスチナ戦（4－0）では、ワンツーを繰り返しながら上がって先制ゴールを決め、ロングパスで3点目をアシストすることもできた。

がんがん攻め上がるようなポジションではないけど、タイミングを見て上がれば得点に絡めると実感できて自信になった。

僚太《りょうた》（大島《おおしま》僚太／現川崎フロンターレ）とダブルボランチを組んだ準々決勝での韓国戦（0－1）は、最後に点を取られてしまったものの、序盤から押し込まれてもしっかり守備ブロックを作って敵の攻撃をはね返しながら、ワントップの武蔵《むさし》（鈴木《すずき》武蔵／現Kベールスホット）に当ててカウンターを狙うこともできた。チームも自分も、試合毎に良くなっている感覚があった。その中で、ピンチを一気にチャンスに変えることができるポジションの面白さも感じた。

2連覇が懸かっていたアジア大会でのベスト8敗退は悔しい。ただ、2年後のリオデジャネイロオリンピックを見据えた大会という位置づけでもあったから、オリンピック本番で成長の跡を示す気持ちで、ボランチとして経験した初めての大会を終えた。

壁の高さを実感する

リオ行きの切符を手にすることができたのは2016年1月。アジア最終予選を兼ねたカタールでのU－23選手権、イラクとの準決勝に勝って（2－1）、日本のオリンピック出場が決まった。

試合と試合の間隔が空くホーム＆アウェイ形式の場合とは違い、セントラル方式での最終予選は短期決戦の厳しさがある。

初戦から決勝まで約2週間半のカタール2016も、小さなつまずきが致命傷になりかねないプレッシャーの中での戦いだった。

個人的には、三度目の正直で絶対に負けるわけにはいかないという思いもあった。U－19時代に2回、U－20ワールドカップ出場のチャンスを逃していたから。

センターバックとして戦った2011年コロンビア大会の予選では、準々決勝で韓国に敗れ、続く2013年トルコ大会予選でも、ポジションは右サイドバックも務めたけど結果は同じ準々決勝敗退。負けた相手はイラクだった。

国際試合の経験自体が多くなかった当時の自分は、決して甘くないアジアのレベルの高さを思い知らされた。

その悔しさが、オリンピック出場を目指す大きなモチベーションの一部になっていた。だから、イラクに勝ってリオ行きを決めたときには嬉し涙がこぼれた。

以前に負けた韓国との決勝（3－2）という巡り合わせには、運命みたいなものを感じた。

最終的には、オリンピック予選をアジア1位で通過するために、U－20ワールドカップ予選での苦い経験があったんじゃないかとさえ、そのときは思った。

それにもかかわらず、2016年8月のリオデジャネイロオリンピック本番は、あっという間に終わってしまった。

一瞬で終わり。そんな気分だった。

1勝1分1敗でのグループリーグ敗退。

いきなり打ち合いになったナイジェリア戦で負けて(4－5)、勝ち点3が欲しかったコロンビア戦も2点差を追いつくのが精一杯で(2－2)、3試合目のスウェーデン戦には勝ったものの(1－0)、グループ3位に終わって決勝トーナメントには進出できなかった。

現地入りした時点では、「23年間の人生を賭けて戦う」ぐらいの意気込みでいた。

自分のサッカー人生において、海外に飛び出すための分岐点にしたかった。

それこそ、A代表選手にとってのワールドカップなみに重要な大会だと意識していた。

当時、ときおり呼ばれ始めていたA代表で、香川(真司)さんや本田《ほんだ》(圭佑《けいすけ》)さんに「オリンピックで活躍して海外に行きたい」という話をして、「海外移籍はそう簡

2016年リオ五輪グループリーグ敗退

単にできるものじゃないし、オリンピックは通過点の1つでしかない」と言われても、心の中で「わかるけど、やっぱオリンピックも大事でしょ」と思ったりしていた。

そのリオオリンピックが3試合だけで終わってしまった。ただ、衝撃はあったにしても、だからといってショックが尾を引きはしなかった。

気持ちの整理はついていた。終わった直後にコメントを求められたときも、「この経験をどう生かしていくかが大切」という話をした記憶がある。

もちろん、もっとやれたはずだと

思う自分もいた。

僕らは、テグさんの下で一体感のあるいいチームになっていたとは思う。けど、アジアを超えた世界レベルの国際経験が足りなかった。

足のリーチの長さにしても、球際でのフィジカルの強さにしても、アジアでは体験したことがないような、身体能力の高さを前面に押し出して戦う相手に対応しきれなかった。

自分自身も、予選に引き続きキャプテンマークをつけて3試合フル出場だったものの、ピッチ上でボランチとして「やれている」という感覚は持てなかった。

感じたのは、完全に本職とは言えない立場の限界。

浦和での当時は、3バックのリベロか右ストッパーが僕のポジションだった。対戦相手のレベルがアジアから世界に上がると、普段からボランチとしてプレーしていなければ通用しない。そう思わざるを得なかった。

前へ向き直る

気持ちの切り替えに時間がかからなかった背景には、現地入り前と後で感じた五輪サッカーの温度差もあったかもしれない。

ネットでの試合速報などはあるにしても、報道陣がたくさん集まるような毎日ではなかったから、「俺らの注目度って、こんなもの？」と、拍子抜けした部分もあった。別の意味で、先輩たちが「オリンピックがすべてじゃない」と言っていた意味がわかったような気がした。

考えてみると、ヨーロッパや南米には、二十歳前後で普通にA代表でプレーしているような選手もいる。彼らにすれば、オリンピック代表は本当にキャリアにおける1つの通過でしかない。

だから、逆に結果が出せなかった自分たちも、この大会がすべてというわけじゃない。

「A代表で、きっと」という思いが、リオ世代と呼ばれる僕らの中にはあった。

2022年ワールドカップを目指す現在の日本代表でも、年代別のころから一緒の時間が長い拓実《たくみ》（南野《みなみの》拓実／現リバプール）、拓磨《たくま》（浅野《あさの》拓磨／現ボーフム）、武蔵たちとはよく話をする。

大地《だいち》（鎌田《かまだ》大地／現フランクフルト）や、オリンピック代表のトレーニングパートナーに選ばれていたトミ（冨安健洋《とみやすたけひろ》／現ボローニャ）は、結果的に海外でもチームメイトになったから気心も知れている。すごく真面目で、海外でもステップアップを遂げている5つ年下のトミを含めて、互いにリスペクトし合える同世代の仲間たちだ。

そんなリオ世代がA代表の主力として立つ世界の檜《ひのき》舞台には、僕も「本職のボランチなんだ」という自負を胸にピッチに立っていたいと思った。

適度に緊張する

A代表そのものには、リオデジャネイロオリンピックの1年前に初招集を受けていた。

遠藤家の反応は、やっぱり普通。実家はもちろん、当時、2人目の子どもが生まれて間もなかった僕自身の家庭でも、妻が「おめでとう」と言ってくれた程度で、どちらもどんなリアクションだったか特に覚えていないくらい薄かった気がする。

当人も、U－23レベルまで年代別代表に選ばれていたから、クラブで試合に出ていれば次はA代表にも呼ばれる可能性があると思っていた。

ユースに入った15歳のころに憧れから目標に変わった日本代表が、順当な次のステップだと思えるところまでは来ていた。

だから、選ばれた後に踏み出す実際のステップこそが大事なんだという心境でいた。日本サッカー協会から連絡を受けた湘南のスタッフが、僕の代表入りをすごく喜んでくれたのは単純に嬉しかった。サポーターのみなさんの反応も。


A代表でのデビューは、2015年8月2日。国内組だけで中国に遠征した東アジアカップ（現E－1サッカー選手権）での北朝鮮戦（1－2）だった。右サイドバックで先発した僕は、アーリークロスで武藤《むとう》くん（武藤雄樹《ゆうき》／現柏レイソル）との〝デビュー・コンビ〟による先制点をアシストすることもできた。自分にとって大事な一戦ではあったけど、代表選手としてスタートラインに立った試合という理解でいた。


ハリル監督（ヴァイッド・ハリルホジッチ）からの「40代のようなプレー」という評価には、アグレッシブさが足らないという含みがあった。

注文の厳しい監督だとわかっていたので気にはならなかった。

それに、いい意味でベテランのような落ち着きは自分の強みだ。緊張しすぎないのは、代表デビュー戦でも変わらなかった。

どうしてそうなのかは、自分でもわからない。

どんなときでも平常心でいられるように、いわゆるメンタル・トレーニングを積んだわけでもない。

心の準備が大切だという意識はある。練習の段階から試合をイメージし、実戦での緊張感を忘れずに取り組んでいれば、試合だからといって妙に緊張するようなことはないと思う。

もちろん、どれだけ入念に準備しても誰だってしくじることはある。ただ、もしも「失敗したら」という気持ちが頭をよぎるようなことがあったら、「どうしよう」ではなく、「繰り返さないようにミスから学ぼう」と考えればいい。

デビュー戦と名がつく試合は、大事な一戦には違いないけど、サッカー人生の中での1試合にすぎないという感覚で僕は臨んでいる。

あの北朝鮮とのA代表デビュー戦にしても、活躍できれば代表に呼ばれ続ける可能性が高まるという気持ちはあった。その一方で、代表に呼ばれる可能性のある試合はこれが最初で最後というわけじゃないとも思っていた。

逆に、緊張しないタイプであるがゆえに、どうすれば緊張感を保つことができるだろうかと考えることがある。

結果が出なかった試合の後で、「ちょっと普通にやりすぎたんじゃないか？」と思ったこともある。心のゆとりが大切とはいえ、余裕がありすぎるのは良くない。いい意味での緊張感があったほうがいい。

自分らしいプレーができるようにリラックスすると同時に、がむしゃらにいくアグレッシブさも必要だ。

試合におけるメンタル的な要素は、本当に重要だし、すごく難しい。

テクニックやフィジカルの水準が高いトップの世界では、レベルが上がれば上がるほどメンタルの差がものを言うと思わされる。

悔しい気持ちを大切にする

オリンピックの2年後、再び世界レベルの国際大会で代表メンバー入りを経験した。2018年8月のロシアワールドカップだ。

でも僕は、ピッチに立てなかった。

本番2カ月前というタイミングで代表チームを受け継いだ西野《にしの》さん（西野朗《あきら》監督）が、当落線上にいた自分を、23名のロシア大会メンバーに選んでくれたことは素直に嬉しかった。

ワールドカップで試合に出た選手と出番がなかった選手とでは、経験に大きな違いがあるのと同じように、ワールドカップの現場にいるのといないのとでは大きな差があると思うからだ。

ラウンド16でベルギーに2－3で負けた、あの悔しさ。

自分がピッチ上にいなかった試合で、あれほど悔しい思いをしたことはなかった。

当日のベンチに座っていなければ、わからない感覚だと思う。

後半ロスタイムに逆転されたショックとか、世間で言われた「惜敗《せきはい》」の無念さじゃない。

優勝候補の一角だったベルギーに世界との差を痛感させられた悔しさ。「このままじゃ届かない」という焦りみたいな気持ちも混じっていた。

正直、後半に2点差でリードを奪っても、「これでもらった」という空気は感じられなかった。ベンチにも、ピッチ上からも。

そのうち、クリアボールを拾った相手がとりあえず折り返しただけのヘディングが、たまたまループシュート気味になって1点を返され、「ちょっとヤバいかも」という空気が生まれた。

ベンチも、そわそわし始めた。

すると、あっという間に追いつかれて最後はカウンターを決められた。

「まだ延長があるから大丈夫」そんな一瞬の心の隙を、勝ち方を知るチームにつかれた気がした。

大舞台での逆転負けをベンチで体験した自分には、ベルギーが勝つべくして勝ったように感じられた。

普段から、ベンチに座っているときには冷静に試合を眺めているせいか、負けても異常に悔しいという気持ちにはならなかったはずが、あのベルギー戦は違った。

もちろん、自分がピッチに立てないままワールドカップが終わってしまった悔しさもある。

あの負け方、代表チームでの自分の立ち位置、自分自身のレベル。

いろいろな悔しさが胸の中にこみあげてきて、あれこれと考えさせられた。

代表で主力に成長するためにも、ずっと意識の中にあったボランチとしての海外移籍は絶対にタイミングを逃せないとも。

リスペクトするけど恐れない

ロシア大会後、ハセさん（長谷部誠）が代表を引退したことで、日本では「抜けても大丈夫なのか？」というところから、ボランチの人選が話題になった。

僕は、そこに食い込んでいかなきゃいけないんだと自分に言い聞かせた。

もともと、代表に限らず、〝トップ・オブ・トップス〟を目指すのであれば、センターバックほど体の大きさに影響されないボランチこそが、自分が狙うべきポジションだと思ってもいた。

僕の中に、いわゆる「ポスト長谷部」の意識があるということじゃない。あるのは、巨大なリスペクト。

ハセさんはずっと代表を支えてきて、ブンデスリーガでのキャリアが10年を超えているだけでもすごい。

周りからは、そんなハセさんと比べられることになるから、それなりにプレッシャーもある。

けれど、僕は僕なりにボランチとしてのレベルアップに取り組んでいる最中で、今では、自分も活動の舞台をドイツのトップリーグに移すことができ、いい緊張感を持ちながらチャレンジしている。

結果的に、例えば2022年ワールドカップで、「遠藤がいれば大丈夫」とか言われたりすれば光栄だと思う。ただ、そうした評価は周りが下すもの。

当事者の僕らはというと、ごく普通のいい先輩後輩だ。

シュトゥットガルトが1部に上がった2020－21シーズン、ハセさんのいるアイントラハト・フランクフルトと初めて対戦したときに挨拶したら、最後に「これからも頑張って」と声をかけてくれた。ハセさんらしく。

手応えをつかむ

森保《もりやす》さん（森保一《はじめ》）がコーチから監督に昇格したワールドカップ後の代表では、

自分も海外組の1人になった。

2018年9月、キリンチャレンジカップでのコスタリカ戦（3－0）では、ボランチとして先発して〝森保ジャパン〟の白星発進に貢献することができた。

ベルギーでプレーするようになって1カ月くらいしか経《た》っていなかったけど、クラブでも中盤でプレーするようになったことによる成果は感じ始めていた。

ワンタッチで素早くボールを動かしたり、ボールを持ってタメを作ったり、状況によって緩急を使い分けるゲームメイクを意識するようになり、あの試合では、ドリブルで上がってからの折り返しを拓実が上手く決めてくれて、実際に得点にも絡めた。

翌月に埼玉スタジアムで行われたウルグアイ戦（4－3）では、背番号も6番の代表ボランチとしての姿を、3カ月ぶりに戻った浦和時代のホームで見せることができた。

最前線にはエディンソン・カバーニ（当時パリ・サンジェルマン）、最終ラインにはディエゴ・ゴディン（当時A・マドリー）といったトップクラスが先発していたチームを相手に、プレスを効かせて立ち上がりからポジティブに戦うことができた試合は、プレーしていても楽しかったし、やっぱり埼スタでの勝利が嬉しかった。

代表の中盤では、例えば、ウルグアイ戦でもダブルボランチを組んだ岳《がく》（柴崎岳《しばさき》／現CDレガネス）とは同学年で仲もいいし、ピッチ上でもフィーリングが合う。事前に話をしなくても互いをケアできるコンビは、すごくやりやすい。

もちろん、チーム戦術としては対戦相手に応じて細かい調整がある。

同じく岳とのダブルボランチで先発した2019年1月のアジアカップ16強対決では、サウジアラビアに7割以上ポゼッションを譲りながら、結果を優先する戦い方をした（1－0）。

ボランチの僕らも、攻め続けるために積極的に前でボールを奪うことではなく、あえて相手にボールを持たせつつ、カウンターのハマりどころを見極めることに意識を向けた。

準決勝でのイラン戦（3－0）では、残念ながら後半にハムストリングの負傷でピッチを去るはめになった。初めて担架で運ばれた経験と続く2カ月近い欠場は余分とはいえ、それでも、ボランチとして成長している感触が得られたアジアカップだった。

危機感を持つ

代表戦のピッチに復帰したのは、9カ月後。2019年10月のモンゴル戦（6－0）、2022年ワールドカップのアジア2次予選2試合目だった。

さすがに、FIFA国際ランキングで150位は下にいたチームとの対戦は終始優勢でも当たり前ではあったけど、僕にとっては代表初ゴールというおまけ付きの復帰戦勝利になった。

後半に生まれたチーム5点目は、公式記録上、僕の国際Aマッチ初得点。でも実を言うと、ニアサイドへのコーナーキックに頭で合わせたボールは、一緒に反応した宏樹くん（酒井宏樹）の顔面を経由してゴールに入っている。

最初は、相手のディフェンダーに当たったと思っていたので、自分でも「俺のゴールだ」という気持ちでいると、大地に「あれ、航くんのゴールじゃないよ」と普通に言われ、実際に後でリプレーを見てみたら、僕のヘディングは後ろに流した格好で、本当は宏樹くんのゴールだった。

それはともかく、あのホームゲームは本当に日本まで行ったかいがあった。久しぶりの代表戦だったし、クラブではベルギーからドイツに移って、まだ試合で使ってもらえずにいた時期だったから、代表のみんなと会えたことはもちろん、試合でプレーできて気持ちをリフレッシュすることができた。

怪我から復帰して代表にまた呼ばれるようになっても、チーム内競争の厳しさは僕を含め誰もが自覚している。スタメンの座を100パーセント確立できる選手なんていない。代表はそういうレベルであるべきだ。

レギュラーと呼ばれる立場になったとしてもいつかは替えられる。いい意味での危機感を常に持ってやっている。

切磋琢磨《せっさたくま》しながら、トーナメントで試合が続いたりする状況で誰が出ても結果を出せるようなチームが、本当に強いチームだと思う。

試合ができることに感謝する

2020年10月のオランダ遠征のときには状況が一変していた。

新型コロナウィルスの感染拡大で、ヨーロッパはドイツを含めてロックダウンを経験していた。

飛行機での移動が難しくなり、シュトゥットガルトからユトレヒトまで、6時間くらいハンドルを握ることになった。代表としての活動が許されることだけでもありがたい状況だったから、陸路での長時間移動も苦にはならなかった。

招集は、日本に戻った後の自主隔離期間を考慮して海外組だけ。

非常事態の世の中で、日本代表の歴史でも初めてのケースになった。

翌月のオーストリア遠征もメンバーは海外組限定。無観客試合が前提になっていた。ウィルス感染の有無を確認するテストは、試合当日までに2回。だから、チームメイトとの会話でも、自然とコロナの話題になった。

森保さんも言っていたように、状況を考えれば代表の活動が許されるだけでも大変なことだ。

代表の試合を観て、少しでも元気になってもらいたいという気持ちがあった。プレーを通じて、みんなで一緒に乗り越えようと励ましたかった。

質を上げる

ボランチとしてのプレーの質は、ヨーロッパに来て上がっているという実感があった。縦につけるパスにしても、ベルギーからドイツに移り、ブンデスリーガの2部から1部へと上がってくるなかで、敵のプレッシャーを受けながらでもだいぶ遠くが見えるようになってきた。

代表でも、背後にいるセンターバックの麻也《まや》くん（吉田《よしだ》麻也／現サンプドリア）から、後ろに顔を出してフィードを受けたら、とにかく前を向いて縦につけてほしいとも言われていて、僕自身も「前」を意識している。

後ろからボールをもらったら、どれだけすぐにターンして相手ゴールの方を向いて、前方の味方にパスをつけられるかという部分を、ディフェンスラインの前でセカンドボールを拾ったり、1対1で敵を止めたりする守備面と合わせて、ボランチとしての自分の良さとして出していきたい。

11月のパナマ戦では、後半の頭から入ったピッチ上でも落ち着いて自分なりのプレーができた。前半にベンチから眺めていて、拓実と彼の背後の2シャドーは空いている感じだったから、シンプルに縦につけられればチャンスは生まれると思っていた。

実際にパスを出すときには、クラブでも、自分と味方の位置はもちろん、相手の位置やプレスのかけ方を見てプレーを選択できるよう、よりポジショニングに気を配るようになっていた。

だから、シャドーに入っていたタケ（久保建英《くぼたけふさ》／現R・マドリー）に通した、拓実の決勝PKにつながるスルーパスも、いつもどおりのプレーという感覚だった。


代表の2020年ラストゲームになったオーストリアでの2戦目は残念な結果だったけど（0－2）、その経験自体が今後の糧になるメキシコとの90分間だった。

相手は、対戦当時の国際ランクが27位の日本に対して11位、ワールドカップでは過去7大会連続で16強入りを果たしている。

その格上と、0－0で折り返した前半はいい試合ができていた。高い位置でボールを奪うスタイルで、チャンスを作ることもできた。

ところが、ハーフタイムを境にポイントを修正してきたあたりは、さすがメキシコ。

ボランチを1枚から2枚に変えてシステム上のミスマッチを作り、プレーそのもののインテンシティも上げてきた。

結果として、メキシコがボールを支配して主導権を握るようになった。僕らは、敵に流れが傾いていた時間帯に、ポンポンと5分間で2点を奪われた。

メキシコは、テクニックがベースになっていて、たまにミスがあっても素早く切り替えて対処しながら、攻撃の組み立ても、組織的な守りもしっかりできる。そういう意味で、日本が目指すスタイルと共通する要素がある。

そのメキシコが後半に実行した勝つためのゲーム・マネージメントは、僕らも学ぶべき点があった。

ああいうチームを倒していかなければ、ワールドカップのノックアウトステージで勝ち上がっていくことはできない。

選ばれる重みを知る

代表には選ばれる者もいれば、選ばれない者もいる。

新たに呼ばれる選手もいれば、呼ばれなくなってしまう選手もいる。

「日本代表」の重み。言葉にはしないかもしれないけど、みんな心で理解している。

2022年のカタール大会は、出場できれば、僕にとって、ヨーロッパでは選手のピーク年齢と言われる29歳で挑むワールドカップになる。そのピッチには、日本代表の主力として実際に立っていたい。

前回のロシアワールドカップ後、ボランチに道を絞る決心をして、ベルギーを経てドイツに渡った。シュトゥットガルトの中盤でプレーしている普段の姿で、カタール大会のピッチにも立ちたい。

そのために、海外への移籍を選んだ。

18歳のころから意識して、早く行きたいという気持ちはずっとあったけど、あの2018年の夏こそが〝自分のタイミング〟だった。僕にとってベストな海外移籍のタイミングだった。今は、素直にそう思える。

5th Step

未知の世界に飛び込む

信頼できる代理人を見つける

初めて、海外のクラブが自分に興味を持ってくれていると聞いたのは17歳のころだった。

高校2年生のときにU－16日本代表に選ばれて以来、何度か年代別代表チームでヨーロッパに遠征する機会があって、そこで海外スカウトの目に留まったらしい。

試合会場のスタンドで、オランダかどこかの代理人が「あのエンドウっていう選手はキミの弟か？」と、日本人の代理人に訊いていたそうだ。なぜ知っているかというと、その日本人は僕の代理人を務めてくれることになる遠藤《えんどう》さん（遠藤貴《たかし》／ユニバーサルスポーツジャパン代表取締役）だったから。

当時、湘南ベルマーレのユースに所属していた僕は、トップチームで試合に出られるようになっていたクラブでプロ契約を結ぶ決心をしていた。

ただ、海外でプレーしてみたいという気持ちはあり、湘南で一緒だった臼井幸平《うすいこうへい》さん（現F・T・A・Rサッカースクール代表）が、「何なら俺の代理人、紹介するよ」と言ってくれたので、遠藤さんにコンタクトしてみることになった。

キャリアにおける大事な〝パートナー〟との出会いの場所は、何の変哲もない地元の戸塚駅近くにあるカフェ。

それまでにも、クラブの練習場に契約前の若手を見に来ていた代理人さんたちと遭遇したことはあったものの、きちんと会って話をしたのは、偶然にも同じ名字の遠藤さんが初めてだった。

連絡先を教えてもらっただけで、どんな人なのかイメージもなかったのだけど、待ち合わせの店に行ってみたら「なんかカッコいい人がいる」という第一印象。

実際に話をしたら、海外とのパイプも太いし、とにかく選手自身とキャリアパスを第一に考えてくれる人だと思えたので、最終的には湘南と契約を結ぶ時点からサポートをお願いすることになった。

だから僕は、プロとして初めての選手契約から代理人付き。未成年で保護者の承認が必要だったから、〝ダブル・エージェント〟同伴で契約を交わす席に着いていた。

それから10年以上が過ぎ、今では遠藤さんもマネージャーの大石《おおいし》さん（大石英貴《ひでき》）も家族のような存在になった。

最初のころは、遠藤さんの顔を見れば「海外、行きたいです」と言ってばかりだった気がするけど、実際にベルギーに出て、次にドイツへと移籍してきた流れの中で、プライベートの話をする機会もぐっと増えて、プロの世界での〝ビジネスパートナー〟という関係よりも圧倒的に距離が近くなった。

絶対的な信頼感はずっと変わらない。

ベルギーでの契約書は、クラブの所在地がオランダ語圏だったため、英語訳版を遠藤さんに確認してもらい、僕自身は給与などの待遇面を細かく説明してもらったぐらい。

そのときに海外では、複数年契約の期間中は年俸が完全な固定制だと初めて知った。日本では、複数年契約を結んでいても基本給や勝利給の見直し交渉は毎年できる仕組みになっていたから。

ドイツでの契約には、「サイニングオン・フィー（契約金）」という項目があった。例えば3年契約で入団したクラブで、1シーズン目を終えて実際に2シーズン目もチームの一員ということになると、その時点でも契約金が支払われる。

選手が戦力としてチームに残ること自体に報酬が支払われるということは、逆に、それだけ引き抜きや売却も当たり前の厳しい世界なんだなと感じた。

自分の市場価値を客観的に判断する

僕は、シント＝トロイデンVVへの移籍を決めた理由を、会見で「さまざまな思いがあって決断しました」と説明した。いちばん決定的だったのは、「ボランチとして勝負したい」という思いだった。

浦和レッドダイヤモンズが正式に獲得オファーを受け取る直前、日本にとっての2018年ワールドカップは、目標のベスト8進出を目前に終わっていた。

そのロシア大会を、自分はベンチを出ることのないまま終えた。

選手としてのレベルアップと代表での序列アップを目指すためには、トップレベルでもやっていける可能性が最も高いと考えていたボランチとして、ヨーロッパのピッチで試合を重ねていくしかない。

海外からのオファーを待ちながら、そんな意識を強めていた。

だから、そのポジションでの獲得を検討してくれていたシント＝トロイデンからのオファーに対する迷いはなかった。

そう言うと、心も体もスパッとベルギーに向いたみたいだけど、最初は、「いやぁ、ベルギーかぁ」というのが正直な感想だった。

ベルギーという国や、ジュピラー・プロ・リーグという国内1部リーグに関する知識やイメージがあったわけでもなく、単純に「ほかの国のクラブとかないのかな?」と、一瞬、違う方向を向きたい気分になったりもした。

けれど、海外移籍を望む自分の立場を冷静に考えてみると、まず、ワールドカップという国際大会に日本代表メンバーとして行ってはいても、その舞台には立つことができなかった選手ということになる。

浦和では試合に出ていたものの、ポジションはボランチではなく3バックの一角。ならばセンターバックとして、ヨーロッパの4大リーグと呼ばれるイングランドのプレミアリーグ、スペインのリーガ・エスパニョーラ、イタリアのセリエA、そしてドイツのブンデスリーガに所属しているようなクラブから声がかかるのかというと、可能性は限りなく少ない。180センチ以下の身長だけで不十分とみなされかねない。

そんな日本人選手を、わざわざミッドフィールダーとして獲得しようとするクラブが現れたのであれば、その貴重なチャンスをつかむべきだ。

ベルギーのクラブからしかオファーがないのであれば、それは自分の実力レベルが4大リーグ未満でしかないということだと理解した。

すると僕には、ジュピラー・プロ・リーグが、Jリーグよりも4大リーグと距離が近いリーグに感じられた。

地理的にヨーロッパの「へそ」と呼ばれるベルギーの試合会場には、他国からもスカウトが集まると聞いてもいたので、物理的にも海外の主要リーグに近い環境に身を置くことができると思えた。

ピッチ外での経験を積む

ベルギーの首都ブリュッセルから東に60キロほどのシント=トロイデンは、人口約4万人の小さな町だ。僕が生まれた戸塚区の7分の1しか人がいない。

そんな静かな町の地元クラブは、一般的にヨーロッパの「準主要」リーグの1つとされるジュピラー・プロ・リーグでも小規模な部類。2015年に復帰した1部で、毎年安定した成績を残すことを現実目標とするチームだった。

初めての海外移籍は、実際にシント゠トロイデン入りが決まってからも大変だった。プロのサッカー選手も、外国に働きに行く立場に変わりはない。労働許可証と長期滞在ビザの取得はクラブ側が手続きを進めてくれるにしても、そのために必要な書類を揃えることだけでも初心者には一苦労だ。

無犯罪証明書なんて、その存在自体が初耳だったし、家族用のビザとなると、もっと複雑で時間もかかりそうだったので、最終的には取らずに終わった。

許可証が発行され、いざベルギーに入国すると、まずは住む家を決めて外国人居住登録をしなければならない。

コミューンと呼ばれる居住地域の役所での手続きは、当然、平塚や浦和の市役所での住民登録よりもハードルが高い。

それでも、いきなり外国語の環境に飛び込むことが苦にならない性格は、海外移籍向きだったのかもしれない。

ただ、語学力という点でも、メリットと言えるかどうかは微妙だ。適当でも気にならないから、意識して勉強するようにしないと語学力が伸びていかない。

英会話は、移籍する1年ほど前から知り合いの人に習っていた。

レッスンは生の英語に耳を慣らすことが狙いで、文法の基礎は中高の授業で身についていた。

中学時代、英語の苦手意識を克服したくて塾に通ったかいがあった。自分の意思で始めた塾通いで、やりたいと思って勉強したから身についたのだと思う。

おかげで、何となく聴けて言えるレベルでも、言葉の問題で痛い目にあうような経験をせずにすんだし、ピッチ外での最優先課題だった家探しも、基本的にはなんとか自分で進めることができた。

単身での引っ越しなら、もっと楽だったかもしれない。たぶん、クラブの地元にアパートメントでも手配してもらって一件落着になっていただろう。

でも、移籍する段階では妻と3人の子どもと、一家揃ってベルギーで暮らす予定でいた。

そうなると、やっぱり家族のことも考えて家を決めたい。

子どもたちはインターナショナル・スクールに通いやすい場所がいいと思い、ブリュッセルの近くで賃貸物件を探すことにした。

そうしたプライベートな事情が絡むと、あれこれとクラブのスタッフにお願いするわけにもいかず、なるべく自分で頑張ろうと思った。

英語を勉強していたおかげで、新加入選手が通過しなければならないチームでの〝儀式〟にも対応できた。

海外のクラブでは、新顔が全員の前で1曲歌わされる。そういうものだと事前に周りから聞いていたので、英会話のレッスンで自分の好きな英語の曲を教材に含めてもらっていた。

歌詞の意味までわかっていると、英語の歌も覚えやすい。準備OKだった僕は、シント＝トロイデンのニューフェイスとして、エド・シーランの『シンキング・アウト・ラウド』を歌った。

郷に入れば郷に従う

英語が母国語のチームメイトはいなかったけど、オランダ語圏出身のベルギー人は流暢《りゅうちょう》に英語を話す。マルク・ブレイス監督もそう。だから、練習やミーティングは英語がメインだった。

ウィンガーのジョルダン・ボタカカや、センターバックのホルへ・テイシェイラのように、シント＝トロイデンの前にイングランドのチームにいた選手もいた。

ボタカなんて、よくよく考えてみたら自分と同い年なのに、フランス語、オランダ語、英語の3カ国語がペラペラ。キャプテンでもあったから、よく言葉を使い分けながら声を出していて、その度に「英語もめっちゃ上手いな」と感心させられた。

彼はコンゴ生まれだけど、ベルギーではコーチ陣も含めてバイリンガルを超える人たちが当たり前のようにいた。ごく自然に3カ国語を操《あやつ》る。

自分のように頭の中で一旦訳してから英語が出てくる日本人には、あり得ない世界だと思えた。

ベルギーのピッチ上も、日本とは違う世界だった。一言で言うと「個」の世界。監督も、個の力を前面に出すサッカーをするタイプだった。

ボランチの場合、日本だと対スペースを意識して、まずはゾーンを閉めながら対人でプレッシャーをかけにいく。それがシント＝トロイデンでは、相手に縦パスのコースが「めっちゃ空いてる」と思えても、「マンツーマンでいけ」という感じ。

ボールを持って攻めてきた敵と対峙する場面でも、「ディレイ」の心構えで待って相手のミスを誘うよりも、自分からアクションを起こしてボールを奪いに行く守りが多くなる。

アンカーの手前で、前線とのつなぎ役になるインサイドハーフとして起用されたときには、相手ディフェンダーが、「そこで出す？」と思えるようなタイミングで足を出してきた。結果的に思い切り抜かれることになったとしても。

すごくはっきりしているというか、攻守両面で勝負しに行く機会が多いと感じた。

ベルギー入りしたばかりで、スタンドから試合を眺めていたころには「やれそうだな」という気がしていたけど、実際にピッチに立ってみるとJリーグ時代とは感覚が違った。

「日本だったらここにサポートがいるのに」と感じつつ、中盤で孤立気味になりながら「自力でなんとかするしかない」という状況が結構あると気づかされた。

縦への速さも同じ。浦和ではボールを支配してじっくり組み立てる過程でバックパスもありだったのが、ベルギーでは、前半からカウンター合戦になるような、いきなりオープンな試合展開が十分にあり得る。

監督からも、できるだけ高い位置でボールを受けて、すぐ縦につけられるようなポジショニングを意識するように言われていた。

そういう戦術面やスタイルの基本的な違いを、海外での第1ステップで経験できてよかったし、面白かった。

縦にパスをつけるプレーは、ディフェンダーとしてプレーしていたころからの自分の持ち味。その特長を磨ける環境にいると思って取り組んだ。

1対1になるケースが多いピッチの中盤で、個としての自分の能力を高めたいという意欲を持って、シント＝トロイデンでの選手生活をスタートした。

結果を出す

幸い、後半にベンチを出たデビュー戦で周りの信頼を勝ち取ることができた。

2019年8月5日の2018－19シーズン第2節KRCゲンク戦（1－1）。72分に決めた移籍後初得点は、ピッチに立って133秒後のゴールとして話題になった。

僕自身、メディアで自分の写真と数字を目にして、「え、133？ ラッキーナンバー33！」と思ったくらい。

シント＝トロイデンでつけた33番は、いくつかあった候補の中から、湘南で初めてトップチームに上がったときにもらった背番号という理由で選んだ数字だった。

ゴール自体もよく覚えている。

ペナルティエリアの手前でフォワードのヨアン・ボリから横パスが来て、ほぼ正面から右足でゴール左にシュートを流し込んだ。

チームにとっては、アウェイでの勝ち点1ポイント獲得に直結する貴重な同点ゴールであり、個人的にも、ベルギー入りしてから正式にビザが下りるまでの間、ちょっと自分の中にあったモヤモヤを吹き飛ばすゴールだった。だからよけいに記憶が鮮明だ。

当時は、まだクラブが手配してくれていたアパートメントホテルに泊まっていて、ベッドと小さな冷蔵庫と、あとはシャワールームだけというスペースも設備も最低限の部屋に1人きり。家族はまだ日本にいて、身の周りの環境が公私両面でガラッと変わった時期だった。

基本的には、ホテルと練習場とを行き来するだけの毎日で、チーム練習が1日2回の二部練の日も結構あってキツかったし、時間のかかる手続きや検査もまだ残っていた。

そんな2週間を過ごした後のデビューゴールだったから、ネットが揺れたときの気分はいつにも増して爽快だった。

湘南のユースに入るきっかけになった練習試合でのパフォーマンスにしてもそうだけど、僕は昔からここ一番に強い。

海外に移籍しても、デビュー戦でいきなりゴールまで決めることができた。

おまけに、サポーターも絶対に負けたくないと思っていたローカル・ダービー。

試合が終わった直後は、引き分けなのに「みんな、なんでこんなに喜んでいるんだろう?」と思っていた。

でも、よく考えれば、対戦相手のゲンクは同じリンブルフ州のチーム。浦和時代に経験した大宮アルディージャとの埼玉ダービーも熱かったけど、同じ〝熱狂〟でもヨーロッパの場合は日本より「クレイジー」に近い世界だと、ベルギーで感じた。

試合中、スタンドでチームカラーの発煙筒が焚《た》かれて、煙でボールが見えないような状況も普通にある。しかも、シント＝トロイデンは、ダービーの相手から格下とみなされている立場だった。

そのゲンクから、敵地での試合終盤にポイントをもぎ取ったのだから、ファンが喜びを爆発させても当たり前。

チームメイトたちからも一気に認められた気がして、僕にとっては本当に大きな1点だった。

アドバンテージをいかす

ゲンク戦に限らず、シント＝トロイデンは強豪相手でも割と結果を出せるチームだった。

素早いカウンターを狙うスタイルが上位戦ではまり、ベルギーの「ビッグ5」と呼ばれるゲンク、ＲＳＣアンデルレヒト、ＫＡＡヘント、クラブ・ブルージュ、スタンダール・リエージュとの対戦でも、全30節のレギュラーシーズン中にホームとアウェイで両方とも負けるようなことはなかった。

特に、アンデルレヒトから4得点を奪って勝ったホームゲームでは強かった。

スタイエンは、収容人数が１５０００人に満たないこぢんまりとしたホーム・スタジアムだけど、ピッチとスタンドの距離がすごく近くて、ヨーロッパらしい臨場感と、相手チームに対する威圧感がある。

ただ、そのピッチが人工芝だとは移籍するまで知らなかった。日本では考えられないことだから。

急遽《きゅうきょ》、スタッドのタイプが違う人工芝向きのスパイクを送ってもらったりして、最初はちょっと違和感があった。

人工芝は天然芝と違って禿《は》げないから、チームとしてはホームゲーム前の練習をスタジアムで行える点がメリットになる。逆に、スタイエンに来る相手チームは、人工芝に慣れていないからやりづらいはずだ。得意のホームでは、レギュラーシーズンを2敗だけで終えた。

トップリーグで7位、勝ち点はクラブ歴代最高の47ポイントという成績は、大地（鎌田大地）の好調によるところが大きい。

僕の1カ月後にドイツのアイントラハト・フランクフルトからレンタルで移籍してきた大地は、5-3-2が基本システムだったチームの2トップの一角で、リーグカップとプレーオフも合わせて16ゴール9アシストの大活躍だった。

ホームでアンデルレヒトに勝った第16節（4－2）でも、先制点のアシストと、駄目押しの4点目を決めてくれた。

オンとオフを切り替える

2018－19シーズンのシント＝トロイデンには、大地のほかにも、トミ（冨安健洋）、裕太《ゆうた》（小池裕太《こいけ》）タカ（関根貴大《せきねたかひろ》）、康介《こうすけ》（木下康介《きのした》）と、最大で6人の日本人選手がいた。

海外経験のある代表の先輩たちからは、日本人とばかり一緒にいるのはやめたほうがいいと言われていたし、僕は言葉でのコミュニケーションが重要な守備の選手でもあるから、自分でも日本人だけで固まったりせずに、ベルギーやヨーロッパのほかの国から来た選手たちとも喋るようにはしていた。

ただ、海外のクラブだと、プライベートまでチームメイトと一緒にいることは少ないみたいで、みんな練習が終わるとサクッと帰っていく。

それに、移籍先で一緒になった日本人の同僚は、リオデジャネイロオリンピックの予選で一緒だった選手もいて、自分が年長ではあっても世代は近い。

ベルギーでの大半は家族と離れて暮らしていたから、よく大地と2人で次のオフはどこに行こうかと話をして、みんなを誘っていた。

トミは、いちばん若かったけど、オフはあまりアクティブに過ごしたがらないタイプ。なのに「いやいや、練習休みだから行くでしょ」と、半ば無理矢理《むりやり》連れ出していた。彼もマイペースだから、たまに行き先が遠かったりすると、「そこはちょっと行かないっす」と、断られもしたけど。

タカは奥さんもベルギーに来ていて、たまに夫婦揃って合流してくれた。

一緒に出かけることが多かった大地とトミとは、よく、車でデュッセルドルフまで行っていた。2日間オフのときにはパリまで足を延ばして買い物と食事を楽しんで、食後のじゃんけんで、負けた人が食事を奢《おご》ったりしていた。

適当さも大事にする

左ハンドルと右側通行には、すぐに慣れた。逆に、一時帰国で日本に戻ったときに運転しづらいと感じるようになった。

性格的に、日本に比べると緩いベルギー人の運転マナーも気にならない。道幅が狭いわけでも一方通行なわけでもないのに車線がない道路もあるから、反対車線だけは走らないように注意しながら、自分も溶け込んでいった。

日本人の感覚では「無理でしょ」としか思えないスペースでも、「バンパーは当てるためにある」みたいな精神で前後にグイグイと車をとめるベルギーの〝ストリート・パーキング〟で鍛えられたおかげで、縦列駐車の腕は上がった。

食事は普段も外食が多かった。ブリュッセル市内の〈三辰〉という日本人経営のお寿司屋《すしや》さんにはチームメイトとも一緒に食べに行った。

あとは、初めての海外ということで紹介してもらった現地の日本人宅にお呼ばれしたり。裕也（久保裕也）がいたヘントの町にも、ほかにサークル・ブルージュに移籍していたナオ（植田直通《うえだなおみち》／現ニーム・オリンピック）もお世話になった日本人の方がいて、そちらにもお邪魔した。

亮太《りようた》くん（森岡《もりおか》亮太／現シャルルロワ）がいたアンデルレヒトも、自宅からだとシント＝トロイデンに行くより近かったので、彼の家でご馳走になったこともある。

在留日本人の数は、5万人近くいるドイツの10分の1ぐらいでしかないはずだけど、小さいなりに日本人コミュニティには恵まれていた。

「食」も楽しめた。日本にいる家族とのテレビ電話の次ぐらいに楽しみだった。

ふらっとベルギー名物のワッフルを食べに行ったり、クラブの近くに美味《おい》しいアイスクリーム屋さんがあったので、みんなで帰りに寄ったりもしていた。

自炊にも挑戦した。一人暮らしの経験がなく、料理だけはできないと思い込んでいた僕も、ベルギーに行って自分で食事が作れるようになった。

栄養のバランスも考えた。サラダは毎日欠かさず食べるので、冷蔵庫には茹でたブロッコリーや一口サイズに切ったパプリカを入れたタッパー。以前に話をした栄養士さんの「作り置きしておくと便利」というアドバイスを実行してみた。

朝と昼はクラブで食べられるから、夕食の支度だけで、メインのおかずは簡単な炒《いた》めものが多かったにしても、2019年になってベルギーに移籍した純也（伊東純也）が、ゲンクから僕の〝手料理〟を食べに来たこともあった。

練習が終わると帰宅途中にスーパーで買い物をして、夕食を作って食べたらシャワーを浴びて寝る、というかなりパターン化されていた毎日の中で、試合以外に訪れる週1回の〝イベント〟にフランス語の授業があった。

調べるとブリュッセル市内に公文の教室があることがわかり、初めは家族が後からやってきて一緒に住むつもりだったから、子どもたちに日本語を勉強させたいと思っていた。

すると、大人向けのフランス語と英語のレッスンもあるという話。自分の子どもと一緒に授業を受けられたら面白いと思って、「フランス語をやってみたいです」と伝えてあったのだけど、結局、家族は短期間の合流だけで日本に帰ることになり、自分1人だけで通うことになった。

チームには、英語だけだとコミュニケーションが難しい選手がいないわけでもないから、フランス語もできるに越したことはない。

とはいえ、公文の教室に大人はいない。

いるとすれば、子どもの授業が終わるのを待つ保護者の待合スペース。なのに僕は、待合室を通り過ぎて子どもたちと同じ教室に入っていく。当然、「何、あの人?」という視線を感じながら。

教室で席に着くと、大人の生徒は自分だけで、今度は周りの子どもたちから、「この人、大人なのになんでここにいるの？」という目で見られる。

ある意味、フランス語の基礎以上に、人目に晒《さら》されても気にしないメンタルを鍛えられた。

日本ではできない貴重な体験を楽しみながら、宿題で渡されるプリントも家でやって、週に1回通っていた。

フィジカルを鍛える

もちろん、ベルギーに来た理由であるサッカーも、自分のためになる経験として楽しむことができた。

シーズンの後半は、2019年1月の日本代表戦でハムストリングを痛めて3月末までプレーできない時期があったけど、へこみはしなかった。あまりリハビリ中の記憶がないということが、大して辛いとは感じていなかった証拠だと思う。

日本から呼んでいたトレーナーさんが一緒だった期間もあった。怪我そのものもネガティブには受け止めていなくて、体が自分に「休め」と言っているのだろうと思った。

初めての海外で、クラブレベルでは初めて中盤の選手として試合に出続けて、慣れない人工芝でのプレーが重なったこともあり、体のバランスがちょっと崩れていたのかもしれない。

ワールドカップが終わって日本を発《た》って以来、休みなしで突っ走っていた感じだった僕にとっては、軽く一息ついて、海外1年目の自分と向き合ういい機会になった。

シント゠トロイデンの試合をスタンドから眺めたり、テレビで観たりしていると、改めて気づくこともあって勉強にもなった。

怪我から復帰する前に、最終的なリーグ優勝やチャンピオンズリーグの予選出場権を争う、プレーオフ1出場圏外の7位でレギュラーシーズンが終わってしまったのは残念だった。

7位から15位の9チームに2部リーグの上位3チームを加えた12チームが、ヨーロッパリーグ予選の出場権を争うプレーオフ2では、10試合中7試合に先発してピッチに戻ることができたものの、チームとしてはグループ2位で準決勝進出を逃した。

それでも、ベルギーでの1シーズン目を終えた時点で、海外移籍は正解だったという実感はあった。

代表戦で合流したときに、日本のチームメイトたちから「プレーが変わった」と言ってもらえた。以前よりボールを奪われにくくなっていたり、守備でもアグレッシブに行くようになっていたり。

中盤で孤立しても1人でなんとかできるようになってきた部分もあると思う。中盤の中央は、常に相手のプレッシャーを受けながら、どれだけビビらずにプレーできるかが大事なポジションだ。

代表のみんなの反応は、自分の成長度を測るいちばんの尺度になった。ボランチとして強さを増して、より頼りにしてもらえる選手になれたと感じた瞬間、「海外に出てよかった」と思えた。

フィジカル面では、体も少し大きくなっていた。1年目を終えた時点で、日本にいたころより2、3キロは体重が増えていたと思う。

浦和でチームメイトだった阿部さん（阿部勇樹）と食事をしたときに、イングランドのレスター・シティにいた1年半で体重が5キロくらい増えたという話を聞いたことがあって、適応しなきゃいけないフィジカルの差による変化なんだと思った記憶がある。

実際に移籍してみると、自分でも下半身が太くなったと感じるようになった。お尻の周りというか、脚の付け根のあたりというか、倒れにくい体に必要な部分の筋力が上がったと思える。

筋トレでやること自体はそれほど変わっていない。ただ、続けていれば自然と負荷が増えていく。例えば、湘南でトップチームに上がったころに重いと感じた20キロのバーベルは、今では軽いと感じるのでもっと重いバーベルで腕の筋トレをしている。段階的に重さを変えてきただけでも、インスタグラムで写真を見たJリーグ時代のチームメイトから、腕が太くなったと言われたりする。

大事なのは、筋トレをすると決めたら週1回のペースでもいいから続けること。ユースに入った高校生のころに意識して筋トレを始めた僕も、見た目に威圧感を与えるような体格になったわけではないけど、実際にぶつかれば当たり負けはしない体になってきた。

体重も、ベルギーのジュピラー・プロ・リーグから、ドイツのブンデスリーガへと戦いの舞台を移しながら、トータルで5～7キロは増している。

一歩でもステップアップする

2019年8月13日に発表されたVfBシュトゥットガルトへのレンタル移籍は、「来たか！」というより、「本当に話が来てよかった！」という心境だった。もう新しいシーズンが幕を開けていたタイミングで、自分的には結構ギリギリになって決まった感覚。

かなり早くからオファーが来ると聞いていたので、「頼む！」と祈るような気持ちで待っていた。

その間、大地はブンデスリーガのフランクフルトに戻ることが決まっていて、トミもイタリアのボローニャFC移籍で話が進んでいる様子だった。

トミのセリエA行きは、20歳でのさらなるステップアップが自分のことみたいに嬉しかった。若いけど真面目で、10代のころから30代と言われた僕でさえ認める落ち着きもあって、練習も人一倍する選手だから。

海外のチームでは、居残り練習も自分は自分というスタンスで、やる選手はいつもやるけど、やらない選手はほとんどやらない。

だから、チーム練習の前後にジムにいるメンバーは、いつも同じ顔ぶれになる。普段いない選手が顔を出すと、「お前、どうしたんだ?」と周りに驚かれる。

僕は、ジムにいるのが当たり前と思われているほうで、いないと逆に「ワタル、どうした?」って言われる。

周りでは、裕太がレンタル移籍で鹿島アントラーズに去り、タカも浦和レッズに戻って、康介はノルウェーのスターベクIFへ。

シント＝トロイデンで出場機会に恵まれなかった彼らの移籍には、海外でチームに定着する難しさを改めて感じてもいた。

気づけば、一時は6人いた日本人選手も自分だけ。

2019－20シーズンが始まるころには、ダンくん（シュミット・ダニエル）や、鈴木優磨《すずきゆうま》が入ってきたけど、移籍1年目を終えて本格的な単身での海外移籍感を味わった僕は、ピッチの内外で慣れたベルギーでの2シーズン目も悪くはないと思いつつ、できれば自分も海外でのステップアップを実現したいという気持ちを強めていた。

ベルギー行きを決めた時点でも、心の中にはブンデスリーガやプレミアリーグでプレーしたいという思いがあった。海外でさらに上のレベルを目指すには、26歳になっていた自分が、もう若手とは言われないという自覚もあった。

だから、シュトゥットガルトが前シーズンを2部リーグへの降格で終えていても、あのタイミングで実際にオファーが届いて本当によかった。

いざオファーが届くと、まずはシーズン末までの期限付きレンタル移籍だったもののためらいはなかった。

家族は、前年の10月から2カ月だけベルギーで一緒に過ごした後、年末のウィンターブレイク中に一時帰国したまま日本に残り、新年6月に生まれたばかりの子どもを飛行機に乗せても大丈夫になってからベルギーで合流したところだった。

でも、2度目の海外移籍では、家探しにしても、学校の手配にしても、先に自分が行ってすませられる自信があった。ベルギーでの経験から、やらなきゃいけないことはわかっていたし、1度目ほど苦労することはないと思えた。

完全移籍に切り替えてもらえるかどうかは、新チームでの自分しだい。
ピッチの内外で、ヨーロッパでの移籍に臨む覚悟はできていた。

6th Step

“遅すぎる”挑戦はない

いちばん下の序列から挑む

次なる本拠地、ドイツ南西部のシュトゥットガルトは人口約60万人で、全国でも6番目に大きな都市。ベンツやポルシェなど地元の自動車メーカーは世界的に有名だ。VfBシュトゥットガルトは、国内最大級のスポーツ・クラブ。頭のアルファベット3文字は、「フェアアイン（集団）」、「フュア（〜のために）」、「ベヴェグンクッシュピーレ（運動）」を意味するドイツ語の頭文字で、陸上部門や卓球部門もある。

プロ組織のサッカー部門は、4大リーグの1つとして世界のサッカーファンに知られるブンデスリーガでも、2007年の優勝が通算5度目という名門だ。

いざシュトゥットガルトに移籍してみると、集合時間の15分前にはチーム全員が揃っているのが当たり前で、「日本のチームみたいだな」という印象もあった。

けど、ヨーロッパのビッグクラブ感は桁が違った。

すごい施設なのだろうと思ってはいたけど、6万人を収容するホーム・スタジアムのメルセデス・ベンツ・アレーナの脇に練習施設があって、クラブハウスも歩いて5分程度の距離。

練習用のピッチにしても、ユースチーム用を含めて7面はある。同じ敷地内には、クラブのユース選手用の寮のほかに、ホテルやレストランまで建っている。予想以上の環境にびっくりした。

ホーム・スタジアムの名前から想像できるように、クラブハウスの駐車場はベンツのディーラーさながら。

すぐ近くには、シュトゥットガルトの観光名所の1つになっているメルセデス・ベンツ博物館があり、そこには往年の名車も並んでいる。

クラブのオーナーにあたるダイムラー・ベンツ社の本社工場は、クラブハウスの目の前。当然、最新モデルが揃っていて、「お好きな車をどうぞ」という形で選手はリース契約を結んで借りることになる。

ただ、僕の場合は選択肢なし。子ども4人の6人家族なので「ワタルは、これ」と、用意されていた7人乗りのワゴンタイプがドイツでのマイカーになった。

普通の会社と同じで、クラブの規模が大きくなれば働いている人の数も多い。特に、元選手が多いという第一印象もあった。聞いていたとおり、伝統と歴史を大切にするクラブなのだと感じた。

極めつけの存在が、トーマス・ヒッツルスペルガーCEO。シュトゥットガルトでブンデスリーガ優勝を経験していて、パワフルなミドルシュートで知られた元ミッドフィールダーだ。

といっても、そんな現役当時の知識などなかった僕は、初めて会ったときに緊張せずにすんだ。

初対面では、スポーツ・ディレクターのスヴェン（・ミスリンタート）とのほうが、構えてしまっていたかもしれない。

ボルシア・ドルトムント時代に、香川真司さんをスカウトした人物だと知っていたから。「この人が、ダイヤモンド・アイって呼ばれるスヴェンか」と思った。

実際に会ってみると、守備的ミッドフィールダーが僕のベストポジションだと考えていると言ってもらえた。

ボランチとしてのステップアップを期してはいても、シント＝トロイデンでは6番だけでなく、より攻撃的に機能する8番のポジションでも起用されていた自分としては、いきなり聞きたかった言葉が聞けた気分だった。より一層、ドイツでの挑戦意欲が湧いた。

もちろん、実際に試合でのチャンスを与えてもらうためには、チームの監督やコーチからも同様の評価を得なければならない。

選手を見る目に定評のある強化担当が連れてきた選手だからといって、当時のティム・ヴァルター監督に認められない限りは、すぐには試合で使ってもらえなくても当然だと覚悟していた。しかも、僕は2部リーグのシーズンが始まった後でチームに加入していたから。

周りの選手たちからは、「どうしてレンタルでわざわざ日本人を？」という冷たい目で見られたとしても仕方はなかった。そんな移籍先での立ち位置を受け入れて、いちばん下の序列からブンデスリーガでの1部昇格に挑む覚悟でいた。

チャンスはやってくると信じる

そしてそのまま、移籍から1カ月、そしてまた1カ月と、ベンチに入ったり入れなかったりするだけの時間が過ぎていった。

2カ月半ほど経った2019年11月初旬にようやく、ホームでの12節ディナモ・ドレスデン戦（3－1）で、後半にデビューを果たすことはできた。でも、背番号3のユニフォーム姿でピッチに立っていた時間は、ロスタイムを入れても5分だけ。

「なんでこのチームに来たんだろう？」とは思わなかったけど、「またベルギーに引っ越すことになるのか？」とよぎったことはある。

戻ってもう1回、家を探して、子どもたちの学校も手配しなきゃいけない。チームで自分が置かれている状況よりも、家族で暮らす環境を整え直さないといけなくなることのほうが正直、悩ましかった。

試合で使ってほしいと監督に直訴したこともある。まだそこまで信頼されていないからだとわかってはいても、「試合に出てボランチとしてプレーしたい」という気持ちを伝えたかった。

厳密には、コーチ経由で伝えてもらった。実際に先発のチャンスが訪れる1カ月くらい前だったと思う。

ライナー（・ヴィドマイヤー）というアシスタント・コーチで、翌シーズンにはF

Cシャルケ04に移ってしまうのだけど、初めから僕のことを買ってくれていて、気にかけてくれてもいた。

シュトゥットガルトの前はヘルタ・ベルリンでアシスタントをしていたコーチで、所属していた元気《げんき》くん（原口《はらぐち》元気／現ウニオン・ベルリン）に電話で僕がどんな選手なのかを聞いてくれ、チームが調子を落としていた時期には、「監督にワタルを使ってみたほうがいいと言っている」とも教えてくれた。練習中も、よく励ましの声をかけてくれた。

ベンチを出ることができなかった間は、ピッチに立てない自分ではなく、ピッチに立ったときの自分を考えながら試合を眺めていた。

出番を与えられた場合に、自分なりにどうすればチームに貢献できるのか？　監督は戦術的にもアンカーの働きを重視していたから、シンプルなプレーでも、まずは後ろからボールをしっかり受けて縦につけるようにしようとか。

シュトゥットガルトの一員として、そういうプレーをするために、ポジション争いで自分の強みになる部分や、競争相手にあって自分には足りない要素を考えた。

ビルドアップの部分では「俺のほうがやれるかも」と感じて、パスの精度をもっと高めたいと思ったり、守備では「あんなふうに守るのか」と、先発で起用されているチームメイトたちのプレーを参考にしたりしながら練習でも取り組んだ。

後はもう、チャンスを待つのみ。

当時の僕のような状況では練習から全力でアピールすることも大切だとはいえ、最終的には、実戦でのパフォーマンスがなければ本当に監督を説得することはできない。

移籍先で試合に出られないからといって「腐っちゃいけない」と自分に言い聞かせながら、チーム練習前後のジムも含めて、やるべきことをやり続けた。

カッコいい言い方をすると「人事を尽くして天命を待つ」ということになるのだろうけど、「俺、チャンス来るのかも」と感じたのは、5分間デビューから3週間後の第14節カールスルーエ戦前日だった。

失うものは何もないと知る

当時のチームでは、試合当日までスタメンは発表されなかったけど、マリオ・ゴメスから「ワタル、準備はできているか?」と声をかけられた。

マリオは、ブンデスリーガのほかに、2012年欧州選手権でも大会得点王になっている元ドイツ代表ストライカー。シュトゥットガルトのユース出身で、ベテランになっても練習から真剣な彼の言葉には、周りに黙って耳を傾けさせる説得力があった。僕のことを評価してくれていて、彼なりの見方を監督に伝えてくれてもいたらしい。後から知ったときには、すごく嬉しかった。

マリオが、どのくらい僕の先発出場を確信していたのかはわからない。ただ、中盤のレギュラー陣に出場停止と怪我が重なってはいた。

僕自身は、「ひょっとしたら」と思えた程度。試合前日の時点でも半信半疑でいた。ただし、チャンスをもらえれば結果を残せる自信はそれなりにあった。移籍から3カ月間、やれるだけのことをやって準備してきたつもりだったから。

対戦相手のカールスルーエは、同じバーデン＝ヴュルテンベルク州の地元ライバル。つまり、初先発がホームでのダービーマッチになる可能性があったわけだけど、僕は不思議とその手の試合に強い。

単なる運なのか、それとも準備の成果なのか、理由はともかく、そんな妙な自信も胸の中にはあった。

それに、もし平均点以下の出来に終わったとしても、控えから這《は》い上がる立場は今までと変わらないのだから、失うものは何もないという心境でもあった。

迎えた試合当日の2019年11月24日、スタメンに選ばれた僕は、緊張も不安もなく、すごく頭の中がクリアな状態でピッチに立っていた。


結果的には、あの試合があるから今の自分があると言えるほど、大きなターニングポイントになった。でも、その場では移籍先で初めての先発出場を楽しんでさえいた。

ポジションは4－3－3システムの中盤の底。

守備では、立ち上がりからボールを奪い返して、空中戦で競り勝って敵のゴールキックをはね返した。

攻撃の起点としては、インターセプトから楔を入れたり、ダイアゴナルパスで一気にプレーを逆サイドに振ったりもできた。

シュトゥットガルトの選手として最初のフル出場を果たした後、一足先にベンチに下がっていたマリオに頭を抱きかかえられながら笑顔で降りたピッチで、アンカーとして自分らしいプレーでチームの勝利（3－0）に貢献できたことが嬉しかった。

こだわりを持ちすぎない

ところが、カールスルーエ戦の1カ月後に監督が変わることになった。やっと信頼を勝ち取って、続くリーグ戦5試合でも先発が続いていたところだった。チームとしては、ブンデスリーガ1部への即返り咲きを狙っていたシーズンの前半戦で5敗を喫していたため、ウィンターブレイク期間中が交代の潮時だったのかもしれない。

けど個人的には、「まさか」ではなくても「マジか?」の監督交代だった。

まずは新しい監督も英語が話せるとわかって安心した。初めて話をしたときに「ドイツ語はできるのか?」と訊かれて、正直に「まだできません」と答えたら、「大丈夫。心配するな」と言ってくれた。

TSG1899ホッフェンハイムの助監督だったティノ（ペッレグリーノ・マタラッツォ）は、198センチの長身でディフェンダーだった現役時代からドイツ生活が長いけど、ニュージャージー州出身のアメリカ人。練習もミーティングも基本はドイツ語で、いざとなれば英語で話をしてくれる監督だ。

日本にいたことがあり、「日本の文化や、規律を重んじる国民性が好きになった」という話を聞いたときには、「こりゃ、きたな」と勝手に思ったりもした。

サッカーのスタイルも、どちらかというと親近感を持てた。


僕自身は、もともと、ポゼッションにしても、足元でのつなぎにしても、そこまでこだわりはない。

こだわりを持たないほうがいいとさえ思っている。選手としては、監督が志向するサッカーを理解して実行するうえで、どれだけ自分の持ち味を出せるかが勝負になると思うから。

ティノのサッカーは、クラブの方針でもある攻撃的な点は前監督と同じ。

そして、プレッシングを効かせた攻守に果敢な戦い方には、プロの駆け出しだった当時の自分が経験した「湘南スタイル」に通じる部分があるようなイメージを持った。

システムにしても、守備面でのプレッシャーのかけ方や攻撃面での相手の崩し方にしても、対戦相手に応じて柔軟な彼のサッカーは、やりがいもあるし勉強にもなる。

結果的に、監督交代後も定位置をキープすることができて、レンタル移籍からの契約形態切り替えも話がスムーズに進んだ。新型コロナウィルスの感染拡大で、ドイツを含むヨーロッパ各国のサッカー界が停止していた間も。

正式にシント＝トロイデンからの完全移籍が決まったのは、2カ月近くリーグが中断していた最中の2020年4月28日。

とにかくシュトゥットガルトに残りたい一心だったから、まずは1つ、ドイツでの個人的な願いが叶った。

ステップアップを実現するためにブンデスリーガに移籍した選手としてもそうだけど、ベルギーへの再引っ越しという不安から解放された身としても。

チームの目標を達成する

リーグが再開して最初のホームゲームでは、シュトゥットガルトでの初ゴールを決めることができた。2020年5月28日の第28節ハンブルガーSV戦（3－2）だ。

その4日前には、ホルシュタイン・キール戦（2－3）で初アシストも記録していた。ただ、この本を書くために確認し直すまでは、どんなラストパスだったのか、ほとんど覚えていなかった。

だけど、ゴールは別だ。よく覚えている。チームにとっても大事なゴールだった。昇格を争っていたライバルとの直接対決で、２点のビハインドで迎えた後半の反撃開始になった1点だった。ペナルティエリア左外からのフリーキックに頭で合わせて、ゴール右隅に決めた。

まだ1点を返しただけだったから喜びが爆発というわけにはいかなかったけど。後半ロスタイムの逆転ゴールにも中盤深くからのパスで絡んでいて、（ゴンサロ・）カストロが３点目を決めた瞬間には興奮で鳥肌が立った。それでも、自分で直接決めたゴールは嬉しさも格別だった。

第一の仕事が守備になるポジションとしては、貴重なので、特に。

ハンブルガーを抜き、首位のアルミニア・ビーレフェルトに次ぐ2位に浮上した僕らは、ホームでの最終節ダルムシュタット戦（１－３）で昇格を決めた。

落ちて1年目の１部復帰決定には引き分け1ポイント獲得でもよかった試合で負けてしまったのだけど、３位の１．ＦＣハイデンハイムも他会場で敗戦に終わったことで、シュトゥットガルトが２位のまま自動昇格となった。

試合終了直後のピッチでは、みんなで胸に“MISSION WIEDERAUFSTIEG”と書いてあるTシャツを着て「復活の任務」を果たした喜びを分かち合った。

残念だったのは、コロナ禍でのリーグ再開は無観客試合が前提で、スタンドのサポーターと喜びをわかち合えなかったことだ。

昇格が決まった日の僕らは、コロナ禍で許される範囲内でしっかり昇格を祝った。一緒に食事をして、大騒ぎはしなくても祝杯は挙げた。ダルムシュタット戦が現役最終戦でもあった、マリオの送別会も兼ねて。

終盤にベンチに下がったときには、監督のティノも「GOMEZ 27」のユニフォームを後ろ前に着て引退するエースを迎えていたし、メルセデス・ベンツ・アレーナのスクリーンには、「ダンケ・マリオ（ありがとう、マリオ）」のメッセージも映し出されていた。

ラストゲームでもネットを揺らすあたりは、さすが。ボックス内に走り込み、足を伸ばしてクロスに合わせたストライカーらしいゴールだった。

最後までプロフェッショナルなマリオは、本当に尊敬できる人物だ。

僕にとっては、移籍1年目のロッカールームで、いちばんよく話をしたチームメイトでもあった。だからなおさら、彼の引退試合になった最後の第34節に勝って昇格を決めたかった。

マリオが、ブンデスリーガだけで15年になる現役キャリアを終えた一戦は、僕にとって、ブンデスリーガ挑戦の本格的なスタートになった。

移籍3カ月後の初先発以来、イエローカードの累積で出場停止だった1試合以外は先発フル出場を繰り返すことができたけど、2部から1部に上がった時点で満足している場合じゃない。

シュトゥットガルトに移籍した自分自身の〝ミッション〟は、いよいよこれから。新しい仲間たちとの乾杯で移籍1シーズン目を締《し》め括《くく》った僕は、そう感じてもいた。

現状に満足しない

続く2020－21シーズンのシュトゥットガルトは、平均年齢リーグ最年少チームとして、ブンデスリーガ1部の開幕を迎えた。

1軍登録メンバーのうち、半数以上の16名が22歳以下。若手の起用はクラブ伝統の方針でもあると思う。

僕が入る1年前の2018年に創立125周年を迎えていたシュトゥットガルトは、「フルフトロス・ウント・トロイ」がモットー。「勇敢（furchtlos）で忠実（treu）」という意味で、ユースで育った若手は、実力があれば年齢が若くても試合で使うことを躊躇《ためら》わないクラブだと聞いている。

マリオもその1人だったし、今でも、ディフェンダーのアントニオ・リュディガーや、フォワードのティモ・ヴェルナーのようなドイツ代表の主力に、シュトゥットガルトでトップチームに上がって出世した選手がいる。

個人的にも、最年少チームで新シーズンに挑むことに不安はなかった。

コロナ禍で先が見えない部分はありながらも、例年より少し遅れるだけで間違いなく開幕するとわかっていたので、とにかく1部でのプレーが楽しみだった。

リーグ日程が発表されたときには、世界的な強豪、バイエルン・ミュンヘンとの試合を真っ先にチェックした。

最初の対戦は開幕3カ月目の第9節。「11月後半の代表ウィーク後か」と、まだ先のことに思えたけど、実際は、あっという間だった。精神的に充実していた証拠だと思う。

リーグ開幕前週のＤＦＢポカール（国内カップ選手権）1回戦からフル出場を続け、２０２０年11月には、１部での日本人対決を初めて経験する試合も訪れた。第７節のフランクフルト戦（２－２）で、リベロで先発したハセさんのほかに、大地が相手のトップ下にいた。

正直、大地との対峙はやりづらい。互いのプレーをよく知っているうえに意識もするから。僕も、守備になると大地の動きに目が行く。向こうは向こうで、攻守が入れ替わると僕にばかりついてくる。

お互いに良さを消し合って、２人とも国内メディアの評価はイマイチだったんじゃないかと思って調べてみたら、『キッカー』誌の採点は大地が３・５で、僕は４。案の定、最高評価の１よりも最低評価の６に近かった。

当日のピッチ上で大地が気づいたかどうかわからないけど、あの試合で僕はマウスピースをつけてプレーしていた。

歯の矯正をしてもらっている歯医者さんと相談して、マウスピースを試すことにした。色は赤で、翌週からの代表戦でもパナマ戦は同じ色。メキシコ戦は、サムライブルーのチームカラーでもある青を選んだ。

マウスピースは歯を守るだけでなく、体を適度にリラックスさせてパフォーマンスを上げる効果もある。激しいバトルもある中盤の選手としては、一石二鳥でいい。

理想の姿をイメージする

ブンデスリーガは、ヨーロッパでも特にデュエルの勝敗が重視されるリーグだ。毎試合、1対1でのボールの奪い合いを意味する「ツバイカンプフ（デュエル）」の回数、頻度、そして勝率がデータとして示される。

そういうリーグ公式の数字が出ると知ってからは、自分でもチェックするようになった。デュエル勝利数1位はシーズンの個人目標。頑張って、海外で日本人選手が持たれている技術は高いけど強さが足らないというイメージを変えたい。

だから、ブンデス1部での1年目を勝利数1位で終えることができて嬉しかった。

シュトゥットガルトの中盤でコンビを組むことが多いオレウ（・マンガラ）も、ボールが持てて、後方での1対1もかなり強い。

どちらかと言うと高い位置で攻撃にかかわっていたいタイプで、初めのうちは3－1－4－2システムで僕がアンカーを務めていたので、彼は前の列から攻め上がることが多かった。

でも、次第に3－4－2－1で戦う試合が増えるなかで、僕が上がるパターンも理解してくれて、コンビとして攻守のバランス良くプレーできるようになった。


どの選手も体がデカくて強い印象があったブンデスリーガでも、正直、思っていた以上にやれているという感触は昇格1年目の序盤戦からあった。

ただし、守備で負けないだけのボランチに留まりたくはない。

メディアで、「デュエルモンスター」とか「ボディガード」とか、対人の強さを評価してもらえるのは嬉しいけれど、ほかに聞いたことのある「マシーネ」にしても、マシンのように戦い続ける守備の選手というイメージが強い。

それはそれでありがたいのだけど、ボランチというポジションには、攻撃の起点になってゲームを組み立てるような要素も求められると思う。

だから、後ろでの強さはそのままに、前でも、もっと攻撃に絡めるようになりたい。

そういう視点で、参考としてプレーを眺めるようになっていたボランチの1人が、僕がヨーロッパに来た年にバイエルンからスペインのバルセロナに移籍したアルトゥーロ・ビダル。

ドイツでの自分も、攻守の両面で汗をかき、守備だけではなく攻撃でもチームに貢献するボランチとして活躍できるようになって、サッカーファンの子どもたちがボランチというポジションの魅力や面白さを感じてくれたら嬉しい。

選手としての土台は守備にあって、シュトゥットガルトで背負う3番も一般的にはディフェンダーの背番号だけど、そこにプラス、長短織り交ぜた効果的なパスを出したり、機を見て上がれば自分でもゴールを決めたり、1シーズンに5ゴール5アシストで合計10点に直接絡めるようになれば、僕が描くボランチのイメージとしては最高だ。

背中で引っ張る

攻守で貢献できるボランチ像を、単なる理想ではなく、現実的な目標として目指すことができる環境に身を置いているという実感もある。積極的に攻めて、能動的に守るチームの一員として、ブンデスリーガを戦っているから。

ドイツのトップリーグで初めてのアシストは、代表でのメキシコ戦を終えてクラブに戻ってすぐの第8節ホッフェンハイム戦（3－3）。

パスを縦につけやすいボールの受け方にしても、相手のプレッシャーのいなし方にしても、そうした一つひとつにこだわって2部での移籍1年目からプレーしているおかげで、だいぶ前の見え具合がよくなってきた。

バイエルンとの翌節も、逆転負けという結果ではあったけど（1－3）、開幕前から楽しみにしていた一戦で、内容的には残り数分で3点目を取られるまで、リーグ9連覇を達成する強豪中の強豪に冷や汗をかかせることができた。

その2週間後の第11節ドルトムント戦（5－1）では、攻撃的なスタイルに若い力の勢いが加わり、チャンピオンズリーグの常連に大勝。敵を監督解任に追い込んだ。

2ゴールを決めたシーラス（・カトンパ・ムブンパ）は21歳、バイエルン戦でも1点をあげたウィンガーのトンギー（・クリバリ）なんて、まだ19歳だった。

僕自身は、所属年数は短くても年齢的にはチームの中堅どころになっている。シーズン後半戦に入ると、移籍2年目のシュトゥットガルトでもキャプテンを任される試合があった。

「ついに来た」という瞬間は、2021年1月23日の第18節フライブルク戦（1－2）の後半60分過ぎ。怪我でピッチを降りるカストロからキャプテンマークを託された。

チームの副キャプテンは、3バックの左ストッパーで先発するケンフィー（マルク＝オリバー・ケンプフ）だったものの、開幕当初から先に失点してしまう試合が多かった昇格1年目は、追う展開で後半に彼が攻撃の選手と替わり、僕が1列下がって3バックを構成するパターンが多かった。

攻撃陣では、トップ下タイプのダニエル（・ディダヴィ）が僕より3つ上のベテランだけど、ベンチスタートが増えていたので、自分にキャプテンマークが回ってきた。

正キャプテンだったカストロが直接渡してくれたことの意味は周りも理解してくれていると思うし、正直に言えば「早すぎでしょ」とも思えるタイミングでチームの信頼が実感できて嬉しかった。

28歳5日目の第21節ヘルタ・ベルリン戦（1－1）まで、カップ戦を含む3試合は、カストロが欠場した試合に続けてキャプテンとして先発もした。残念ながら、チームとしては白星なし。キャプテン代行としては、ドイツ語力が課題だと痛感させられた。試合前の円陣でチームトークをするときは、英語で勘弁してもらった。英語でも、べつにたいしたことは言っていないのだけど。

ピッチ上では、言葉よりもプレーで周りを引っ張ればいいという基本的な考え方は、日本にいたころから変わらない。

それでも、2024年までの新4年契約を結んだシュトゥットガルトでは、若手や新しく入った選手に僕のほうから声をかけてあげるべき立場になっていく。予想より早く、2021－22シーズンから本格的にキャプテンを任せてもらえることにもなった。一日も早く、ドイツのチームのキャプテンらしく、ドイツ語でみんなに話ができるようになりたい。

今は、まだ入門レベル。周りがドイツ語なのでリスニングは中級に入れるかもしれないし、基本的な日常会話なら簡単な単語を並べながら何とかなるとは思う。でも、ドイツ語でインタビューをこなしたり、微妙なニュアンスやフィーリングを込めたりできるようになるには勉強あるのみだ。

もちろん、英語の勉強も継続が必須になる。実際、代表での合宿や遠征にドイツ語の教材を持参していながら、ついつい英語の教科書のほうを開いてしまうことも多い。

少しずつ地道にやるしかないけど、最終的な目標は高いところに置いておきたい。

自然体でいる

攻撃面での貢献度を高めるというボランチとしての目標に関して、ブンデスリーガ1部での初得点を記録し、アシスト数を3に伸ばすこともできたのは、第23節でのシャルケ戦（5―1）だった。

後半の2アシストは普通のアシストだったけど、前半にコーナーキックの場面で決めた2ゴールは、いちおう、練習の段階から意識していた得点パターンだった。

特に、ニアサイドからボールが流れてきた2点目。セットプレーのときにマンツーマンで守る敵は、フリーマン2人をニアポスト側と、その延長線上に置くので、僕が

ブンデスリーガ1部での初得点を記録した第23節シャルケ戦

ファーサイドで待ってこぼれ球を狙うことになっていた。
　これがJリーグ時代だったら、背は高くなくてもヘディングに強いことがわかっているのでマークをつけられていたと思う。
　でも、ブンデスリーガでは、もっと体の大きな選手が多いから僕は警戒されない。どの試合でも、自分たちのコーナーキックの場面でゴール前に上がっているわけでもないし。
　そうしたら、ニアをめがけたカストロのコーナーキックから本当に目の前にボールが来て、左脚を折り畳むようにしながら、少し跳ねたボールを捉える面を作ってきっちり押し込むことができた。

直接的にチームの4得点に絡んだ僕は、センターバックのディノス（コンスタンティノス・マヴロパノス）から、力こぶとおどけ顔の絵文字をつけた「今日はこいつの日」みたいなインスタ投稿で褒められたりもした。

実を言うと、自分では90分間という括《くく》りでのパフォーマンスにはあまり満足していなかった。

ボランチとしては珍しい2ゴール2アシストをこなして帰宅してみると、遠藤家のメンバーは試合自体をテレビで観ていなかった。

小学生の長男が自宅にいれば反応があったと思うけど、こういうときに限って仲良しの家にお泊まり中。真ん中の2人はゲームをしていたらしい。たぶん、ママと一緒に。4番目は当時まだ1歳半。

まあ、そんな家族の存在が、試合の結果や自分のパフォーマンスにかかわらず、健全な精神状態でいられる理由の1つでもあるのだけれど。

家族揃って一緒に暮らし始めることもできたドイツでは、ブンデスリーガ1部での初挑戦も、公私両面で充実感をおぼえながらスタートを切ることができた。

選手としては、プロの道を歩き始めた湘南、最初のステップアップに挑戦した浦和、そして海外での第1歩を踏み出したシント＝トロイデンでも心の中にあった、「いつかはブンデスかプレミアで」という思いが現実になった。

また1つ、キャリアでの節目を迎えられたことで、心の落ち着きが増すと同時に、上を目指し続ける意欲がさらに湧いてきた。

成長を続ける

チームとしても、シャルケに勝って1部復帰1シーズン目も残り10試合となったあたりから、具体的にリーグ順位でどこを目指すかという話が出るようになった。

ずっと残留が目標だと言っていた監督が、1つ勝てばヨーロッパの大会への出場圏内（上位6チーム）に近づく反面、負けると下位に引きずり込まれる危険性もある10位の位置から、「お前たちはどこを目指したいんだ？」と言ってチームに発破をかけた。

最終的には、リーグ戦34試合で勝ち点45ポイントの9位でシーズンを終える結果となった。

終盤になって先発レギュラー陣に故障者が増えた不運を考えれば、1部での1年目としては悪くはないと思う。代わりの選手には若手が多く、第32節FCアウクスブルク戦（2－1）では、試合を終えた時点でのイレブンで自分が最年長だった。

続くボルシア・メンヒェングラートバッハ戦（2－1）では、ゴール上段に飛び込む同点の右足ミドルシュートで、個人としてシーズン3点目を決めることができた。後半ロスタイムに空中戦で競り合ってジャンプしたとき、左腕が相手選手の顔に当たってシーズン5枚目のイエローをもらい、ビーレフェルトとの最終節（0－2）を警告累積で欠場することになってしまったのは悔しい。

でも、その1試合を除いて全試合に先発した2020－21シーズンは、僕にブンデス1部での手応えと、チームと一緒にさらに成長した姿を見せたいというモチベーションを与えてくれた。

年齢は関係ない

トップ6争いの常連になるには、昇格1年目にマインツとの第19節（2－0）まで白星がなかったホームでのパフォーマンスにしても、そのマインツ戦まで3カ月間以上リーグ戦で無失点試合がなかった守備にしても、まだまだチームとして改善の余地がある。

序盤戦で4試合続いたこともある引き分けを勝ち星に変えられるように、個人レベルでも、ボールを奪う回数や、チャンスに絡む頻度を上げていきたい。

そうすれば、移籍3年目のシュトゥットガルトでは、チャンピオンズリーグ（1～4位）を筆頭に、ヨーロッパリーグ（5位）やカンファレンスリーグ（6位）の出場権獲得を目標に掲げて、ブンデスリーガの新シーズンに臨めるようになると思う。

最終的には、やっぱりプレミアリーグでもプレーしてみたい。シュトゥットガルトでチャンピオンズリーグを戦えるようになれば、それはそれで理想に近いのかもしれないけれど、子どものころに抱いていた夢、そしてJリーグでプレーできるようにな

2020-21 シーズン、デュエル勝利数 1 位に。写真は第 9 節バイエルン戦

ったころからの目標を目指す気持ちは持ち続けたい。

中学の部活で1年生のころから試合に出たり、19歳で湘南のキャプテンに指名されたりした経験がある一方で、プロの下部組織入りも、海外への移籍も早くはなかった僕には、年齢は目安にはなっても絶対的なファクターではないと思える。

チームに必要だと思われるだけの実力を示すことさえできれば、声をかけてもらえるチャンスはやって来ると信じている。

ドイツのトップリーグでボランチとしてレギュラーを張れるようにな

ったシュトゥットガルトでも、ステップアップを目指してやるだけ。
28歳の今も、そう思いながら楽しくサッカーに励んでいる。

おわりに

サッカーよりも大切なこと

家族の存在

僕の職業を知らない人が自宅を訪ねてきたとしたら、きっとサッカー選手の家だとは思わないだろう。玄関にサッカーのスパイクが並んでいるわけでもないし、革靴が並んでいるわけでもない。

玄関に脱ぎ捨ててある靴があるとしたら、それは4人の子どもたちのスニーカーだ。一般の家庭と何も変わらない。

大学時代に出会った妻との間には4人の子どもに恵まれた。

長男の名前は理玖《りく》。

妻の好みで、「り」がつく名前にしたいというところから始まった。そこで思いついたのが「理」の字。

自分の意見を持って貫くとか、考えて物事を見極めるという意味があり、しっかり自分で考えられるようになってほしいという親としての願いにもピッタリだった。

「玖」は、綺麗《きれい》な石みたいな意味。

8歳の長男は、見た目も性格もいちばん僕に似ている。顔なんて、本当にそっくり。日本でも、僕のユニフォームを着てスタンドを歩いていたりすると、「あれは絶対に遠藤の息子だ」と言われたので、サポーターの間でも知られていたと思う。

結構しっかりしていて、今では、ほとんど手がかからないくらいのお兄さんだ。

2番目に生まれた長女の妃愛乃《ひなの》は、妻から一字を取った。実は僕の妹からも一字をもらった。いまのところ4人の中でいちばんと言ってもいい聞かん坊に育っている。

リオデジャネイロオリンピックの年に生まれた次男は理将《りお》。3つ下の三男は理太《りた》。次男も最初は自分似だと思っていたけど、だんだん僕の弟が小さかったころに似てきたような気がする。

三男は、男の子の中では顔がいちばん僕に似ていない。大きくなるにつれて似てくるのかも。上の3人を見ながら学ぶので成長が早く、何でも自分でやりたがるチャレンジャーは末っ子でもたくましい。

僕自身の妹は11歳下で、自分が小学校5年生のころに、赤ちゃんだった妹の子守をしたり、オムツを替えたりしていた。年齢の割に落ち着いていると昔から言われた理由の1つかもしれない。

妹のおかげで、自分の子どものオムツを替えるのも得意。初めのうちは妻より手馴《てな》れていて、どこか懐かしい気持ちにさえなった。

上の2人は出産に立ち会えなかった。長男のときは、タッチの差。湘南ベルマーレでの試合当日で、試合が終わった途端に病院に直行して、駐車場からダッシュで分娩《ぶんべん》室に向かったものの、看護師さんに「5分前くらいに生まれましたよ」と言われた。

長女が生まれたのは、同じく湘南にいた2015年の開幕戦当日で、試合には負けてしまったけど、PKを決めて予定どおり「ゆりかごダンス」のゴールパフォーマンスはできた。

次男は、浦和レッドダイヤモンズでのFCソウル戦当日に生まれてきた。AFCチャンピオンズリーグでのホームゲームでチームホテルに前泊。許可をもらって深夜に浦和から横浜の病院までタクシーで行って立ち会った。ナイターで行われた試合は1－0で逃げ切った。

三男が生まれ日だけは試合がなくて、右脚太ももの怪我が治ったばかりだったシント＝トロイデンでのプレシーズン中、ギリギリまで合流を待ってもらって日本で立ち会った。

その場にいたとしても何ができるわけでもない自分としては、無事に生んでくれた妻と、健康に生まれてきてくれた子どもたちに感謝の気持ちしかない。

昔の僕は友達の家で子どもの相手をして遊んだりはしていても、特別に子ども好きだという自覚はなかった。それが、いざ自分で子どもを持ってみると、僕の中に眠っていた父性が一気に目を覚ましたみたいで、自分でも驚いた。

心の中で「めっちゃかわいい」を何回連発しても足らないくらい、子どもたちは愛《いと》おしい。抱っこした瞬間、下ろしたてのシャツの肩が涎《よだれ》まみれになっても、とにかくかわいくてしょうがない。

自分の子どもから初めて手紙をもらったのは、ベルギーで単身赴任状態のときだった。

TBSテレビの番組で海外移籍1年目の僕を密着取材してくれたとき、日本にいる家族からのプレゼントとして、当時5歳の長男が書いてくれた手紙を受け取った。

「パパへ
パパのかっこいいところがだいすきだよ。はやくベルギーにいって
パパといっしょにサッカーとLEGOをやりたいな。りく」

テレビ電話で毎日のように話はしていても、やっぱり嬉しかったし、ちゃんと手紙も書けるようになったのかと思うと、目の前にテレビカメラがあるので我慢していなければ、子どもの成長ぶりに泣いているところだった。

（息子に「かっこいい」と言ってもらえた僕だけど、実は長男のアイドル選手リストでは2位の座に甘んじている。断トツのトップはクリスティアーノ・ロナウド）

サッカー選手とサッカーファンの夫婦ではあるけど、いわゆるサッカーパパとサッカーママというわけじゃない。

長男はサッカーを習い始めて途中でやめている。ちょっぴり「サッカーやってほしいな」とは思うし、もしかしたら18歳の理玖と一緒のピッチに立てるかもしれないから、38歳まで現役を続けたいという密《ひそ》かなモチベーションはあるにしても、やりたくないことを無理にさせる気にはならない。

自分の親も、サッカーをすることに始まって、その後の進路まで、あまり口出しせずに僕の考えを尊重してくれた。そのスタンスは、自分も親として見習いたい。

父さんとは、週末に弟も一緒にサッカーや野球をして遊んでもらった記憶が多い。僕も、できるだけ子どもたちと遊んであげたいと思っている。

サッカー選手は、練習が短時間集中型なので、プロのスポーツ選手の中でも家族と過ごす時間には恵まれている。

家では、たまに叱ることもあるけど、家族との時間は本当に大切にしたい。

サッカーが普通にある生活

子どもを持つ身になってみると、親のありがたみも改めて感じるようになった。実家を出たとき以上に痛感する。

自分の両親も、こんなふうにして自分のために苦労していたのかなと思うようなシチュエーションにも出くわす。

よく、子どもができた瞬間から生活の中心が子どもになるというけど、子ども4人の我が家では、間違いなく日々の生活は子どもに支配されている。

もともと、自分で決めたルーティンを厳守するようなストイックな人間ではないけれど、子ども中心の生活を送ることで、一層、臨機応変に効率よく時間を使おうと意識するようになった。

以前、知人から「まるでサラリーマンが毎朝会社に行くみたいに試合に出掛ける」と言われたことがある。自分でも、「確かに、そうかも」と思った。

試合にはプレッシャーが付きものだ。でもだからといって気負ったりするのではなく、逆にどれだけ自然な状態でサッカーができるかが大事だと思っている。

勤め人が会社に行くみたいに、「じゃ、いってきます」みたいな感覚でいたほうが、試合本番でも自分本来のプレーができる。

僕は、家族としての日常の中に、自分にとってのサッカーが普通にある生活がいい。

だから、試合が平日の夜なら、当日の朝に子どもたちを学校に送って、「バイバイ」と見送った足で、試合に向かう。

突然のロックダウン

思いがけず訪れた2020年春のロックダウン中は、自宅での時間を最大限に楽しもうと思っていた。もしも、家族と離れて暮らしていた時期にロックダウンになっていたら、きっと1日が耐えられないほど長く感じられただろう。

ロックダウン前の平日は、朝7時に起きてみんなで朝食をとり、子どもたちを学校に送ってから練習場に向かっていた。迎えに行くのは、練習が終わって一旦自宅に戻ってから。

子どもたちは、学校の送り迎え以外、僕は1日中家にいるものだと思っていたかもしれない。

事実、ロックダウンが始まったときに「なんで学校がなくなっちゃったの?」とは訊かれても、「なんでパパはずっとおうちにいるの?」とは言われなかった。夜は、夕食後に子どもたちをお風呂に入れて、9時ごろには寝かしつけるのが従来のサイクルだった。

でも、しばらくは練習も試合もないと決まった瞬間、通常モードはスイッチオフ。

自分ではコントロールできない状況でぴりぴりしても仕方ない。

当然、コンディションの管理はする。ジムとして使っているガレージには、ランニングマシンや懸垂マシンもあるし、バーベルを使ってスクワットやベンチプレスもできる。

クラブから個別メニューも渡されていたので、体幹や筋系のエクササイズとランニングは、きっちりやっていた。

ただし、その時間帯までは決めなかった。当日の気分で、朝に走る日もあれば、夕方にこなす日もあった。

食生活も、普段から休みになると食べる量が減って体重が落ちやすいから、落ちすぎないように気をつけた程度。練習と試合を繰り返す生活に戻れば、食べる量も体重も自然と元に戻っていくので、それほど気にはしなかった。

実際には、ほぼ丸1日家の中でもエネルギーが必要だった。元気いっぱいの子どもたちも4人揃ってずっと家にいるから。

ロックダウンが始まった当初は、子どもと一緒の時間が増えて楽しいと思っていたはずが、最後のほうになると、子どもの学校再開と自分のチーム練習再開が待ち遠しい心境でもあった。

いちばん大変だったのは学校の宿題だ。結構な量があって、一緒につき合わされる。子どもたちが通うインターナショナル・スクールの授業は英語で、授業がリモートだから宿題もマイクロソフトのＴＥＡＭＳでファイルとして提出しないといけない。そのやり方がわからなかったりして、保護者の力まで試されたような気がした。

家では、子どもたちを風呂に入れ、歯磨きをさせてから寝かしつけるのが僕の担当。基本はシャワーで、湯船につかるのは本当に疲れたと感じたときか、お風呂の好きな末っ子にせがまれたときぐらい。

バスタブの横のシャワー用スペースで頭と体を洗ってあげるだけなのだけど、途中で兄弟喧嘩を始めたりすることもある４人なので、ちょっとしたハードワークだ。でも、ほかの家事は妻に頼りきっているので、毎日、小さな子ども４人の面倒を見ながら家事もする妻には感謝してもしきれない。

ドイツでの生活は、僕らとしては家族揃って「快適」の一言。インターナショナル・スクールには日本人のクラスメイトがいて、子どもたちも、上の3人が学校で日本語ばかり喋っている可能性はあるにしても、気に入ってくれているみたいだ。

シュトゥットガルトは工業都市のイメージだけど、丘の見える風景には緑も多く、もちろん、大きな都市なので何かと便利な点が日本人家族にはありがたい。ドイツ人の国民性なのか、規則がきっちり守られる社会という環境も日本人向きかもしれない。

とはいえ、海外での子育てには、日本では感じないような苦労もあるだろうし、外国語の環境で感じるストレスもあるだろうから、最初は怖がっていた左ハンドルの運転にもすっかり慣れた妻をみると、すごいなと思う。

ピッチ内外で自分らしく

2022年のワールドカップは、きっちりと予選を突破して、コロナの問題も収まっていれば、家族5人ともカタールに呼びたいと思っている。日本代表の先発メンバーとして、ワールドカップのピッチに立つ姿を見てもらいたい。

前回大会も、まだ4人目は生まれていなかったけど、妻は子ども3人を連れてロシアまで来てくれていた。

それなのに、肝心の自分自身が、ピッチ上で何のアクションも見せられないまま大会が終わってしまった。

今度こそ、ワールドカップの舞台に行くからには試合に出てプレーしたい。

もしもポルトガルと対戦することになったりしたら、長男は相手のクリスティアーノ・ロナウドのプレーに目を奪われていたりするのかもしれない。

でも、同じピッチに立って戦う姿を見せられたら、「パパはすごいんだ」と思ってくれて、ひょっとすると「憧れの選手リスト」でトップに浮上できる可能性もありそうだ。

家族の存在は、僕がサッカー選手として上を目指し続けるモチベーションの1つになっている。

ありきたりの表現だけど、「家族のためにも頑張ろう」と、いつも思う。そのためにハードルをクリアし続けていく過程で、体と一緒に疲れた心を癒やしてくれるのも家族だ。

サッカーそのものよりも、もっともっと大切なもの。それでいて、常に身の周りにあるものでもある。

家族と一緒の自分は、自然体そのもの。僕は、その延長線上に選手としての自分があるという感覚で日常生活を送っているから、ピッチ上でも自分らしくいられるのだと思っている。

ピッチの内外で、僕は、僕以上でもなければ、僕以下でもない。

ボランチでプレーする1人の選手としても、家庭を持つ1人の人間としても、ひたすら遠藤航としてのベストを目指し続けたい。

あとがき

2021年8月14日、メルセデス・ベンツ・アレーナ。

約1万8000人が動員されたホームゲームのSpVggグロイター・フュルト戦で僕の2021－22シーズンは幕を開けた。

コロナ禍で定員6万人の3割ほどに制限されているものの、開幕2カ月目から無観客が続いた前シーズンを考えると、ファンの前でプレーできるのは最高に嬉しい。

サポーターの応援に後押しされるように、チームは5－1で快勝。

なにより自ら先制点を決めて勝てたことは、僕にとって大きな意味を持っていた。

その1週間前、僕は東京オリンピックの3位決定戦のピッチに立っていた。

個人的には2度目、オーバーエイジ枠で選ばれた自国開催のオリンピック。

無観客でもSNSの反響は大きくて、試合の度にファンの熱い声援を感じていた。

テレビを観ながら応援してくれたみなさん、そしてコロナ禍での開催に尽力してくれた方々のためにも、とにかくメダルを獲りたかった。

でも、結果は1－3でメキシコに完敗。U－24日本代表チームの一員としてメダルを獲得することはできなかった。

先制点を与えることになったPKを含め、3失点とも自分のところでやられた。中2日での6試合、直前の2試合は延長までもつれこんだとはいえ、疲労は理由にはならない。出場時間はダブルボランチの相棒だった碧《あお》（田中《たなか》碧／現デュッセルドルフ）も大差はないし、それを言うなら相手も同じ条件だった。

その一戦、あえてアグレッシブな入り方をしたメキシコが主導権を握った。準決勝のスペイン戦（0－1）では、延長戦終盤にワンチャンスを決められた。

試合巧者との2試合で感じたのは、リオのときに痛感した世界との実力差ではなく、世界を相手に勝つためのあと一歩の差。ただ、そのわずかな違いが勝敗を左右する。

負けた悔しさは、勝利を重ねて力に変えていくしかない。

だから、すぐにブンデスリーガの新シーズンが始まる状況は逆にありがたかった。

シュトゥットガルトの正キャプテンとして、上位を目指す1部復帰2年目は前年にも増してやりがいがある。苦しいときにこそチームを牽引できるよう、デュエルでの強さを磨きつつ、攻撃面での貢献度も高めていかないといけない。

正直言うと、日ごろ動じない自分も、今回ばかりは悔しさと申し訳なさでいっぱいで気持ちを完全に切り替えるのが難しかった。

だからこそ、そんな気分を軽くするホームでの初戦の勝利は大きかった。

「僕は未来の自分が日本代表として活躍している事を期待しています」
「世界に通用するDFとしてサッカーを楽しんでいる事を期待しています」

僕は今も、15歳のときに自分宛の手紙に書いた夢の途中にいる。

東京オリンピック後、キャプテンの麻也くん（吉田麻也）が「次はA代表での最終予選で会おう」とチームに告げたように、この本が出るころには、また2022年ワールドカップを目指す戦いも始まっている。

カタール大会ではもっと成長した姿でピッチに立ち、チームの勝利に貢献したい。

ロシア大会と2度のオリンピックを、そのための試練だったと思えるように。

そして応援してくれるみなさんの前で、今回の借りを返したいと心から願っている。

ファンと一緒に勝利を祝えた8月14日のリーグ開幕戦、ピッチ上で抱き合ったチームメイトたち。プロ11年目になっても、サッカーが好きだという思いは変わらない。

この気持ちがある限り、何があっても前を向ける。

昨日より今日より強くなりたい、と思う。

あとはやるべきことをやるだけ。

最後に、中学3年生の自分への返事はこうだ。

僕は自分らしく、トップの世界でサッカーができる喜びを噛みしめながら夢に向かって一歩一歩、走り続けています。

2021年8月　再びブンデスリーガの幕が開いたシュトゥットガルトにて

遠藤　航

移籍の舞台裏

（株式会社ユニバーサルスポーツジャパン
代表取締役／遠藤 貴）

航は、落ち着いて状況を判断することができる。この印象は、まだ高校生だった彼と代理人契約を結んだ当時から変わらない。ピッチ上では、素早く確実なプレーの選択を要求され、ピッチ外でも、移籍などキャリアを左右する決断を迫られるプロ選手になる以前から、しっかりと考え、自分で決めることのできる人間だったのだろう。

湘南ベルマーレと初めてプロ契約を結んだころから、海外のクラブに行きたいとは言っていた。だが、何が何でも飛び出したいというような調子ではなかった。心の中では、そう簡単に海外という目的地に辿り着けるものではないと覚悟しているように感じられた。

それから10年が過ぎ、航は欧州4大リーグの1つに数えられるブンデスリーガのクラブでレギュラーを張っている。それは、彼のキャリアにかかわるようになった当初、そのレベルまで行かせたいと思っていた姿そのもの。代理人は選手のためにいる。決して長くはない現役キャリアを、選手本人が最大限に納得しながら歩むことができるよう、手助けをするのが私の仕事だ。

移籍というと、その選手が欲しいクラブと、そのクラブに加入したい選手との交渉なのだから、あとは待遇面しだいだと考える人もいるだろう。移籍先を見つけること自体も、可能性のありそうなクラブに選手の経歴を添付したメールをいっせいに送り、詳細は事務所のホームページを参照してもらうだけですむようなイメージを持つ人がいるかもしれない。だが実際は、先を見越して下準備を進めていかなければ、相思相愛のように見える移籍でも意外と話はまとまらない。

選手が望むタイミングでステップアップを実現しやすくするためには、移籍交渉の段階で、契約解除違約金に関する項目を選手契約に織り込んでもらうことが1つの方法になる。クラブ側にすれば、手放したくはない選手を特定の金額で他クラブに買い取られる可能性が生まれるのだから、こちら側から働きかけなければ通常は設けられることのない項目だ。

キャリアパスを考えれば、移籍金の規模にも慎重な姿勢が必要になる。一般的には、選手の商品価値とも言える移籍金が高ければ高いほどすごいというイメージがあるかもしれないが、選手にとっては手放しで喜べる評価額ではない。本人が、その次に移籍を望んだ場合、戦力を失うことになる所属クラブは、せめて売却益だけでも得ようとするのが自然。

そのため、獲得時の移籍金よりも高くなる金額が移籍のネックになってしまう危険性があるからだ。

キャリア初期の移籍金を抑えることができれば、次の移籍にさいして、売る立場のクラブも収益を得やすくなる。そこで、その選手の獲得額と売却額との差額から、何割かを選手本人が受け取れるような条件を取り付けることも可能になる。

航の移籍に関しても、そうした将来的な計算やクラブとの駆け引きを代理人として担当してきた。もっとも、結果的に移籍のステップが思い描いていたとおりに運んでいる最大の理由は彼自身の能力だ。湘南時代に始まり、ピッチ上では優れたパフォーマンスを、ピッチ外では冷静な判断を繰り返してきた。

我慢強かったという表現は適切ではないだろう。少なくとも私の前では、辛いけど我慢しているというような様子は一度も見せたことがない。航の場合は、「慌てなかった」という言い方がふさわしい。最終的に決断する本人が移籍を焦っていたら、ＶｆＢシュトゥットガルトでの現在はもちろん、海外移籍そのものがあり得なかった可能性すらある。

航にとっての最初の移籍は、２０１５年12月の浦和レッドダイヤモンズ入り。１度目に獲得オファーを受けてから1年待ったという判断が、その後のキャリアパスにプラスとして働いた。２０１４年当時の彼は21歳。頭角を現した若い選手が、さっそく訪れた強豪へのステップアップのチャンスに、はやる気持ちを抑えられなくても不思議ではない。同じような状況で、「１日でも早く」と訴える選手もいるはずだ。代理人を急かしたくなる心境も理解できる。

ところが航は、浦和に入る自分のこと以外に、自分が抜けるクラブのことも考えられる21歳だった。これには感心させられた。航は、2014年のシーズンにJ2優勝で昇格を果たしたチームの主軸。湘南側に手放す意思はなく、クラブからは、経営面でもインパクトのあるJ1残留に再び挑む2015年に向け、移籍は踏みとどまってもらいたいと言われてもいた。当人も、そうした周りの空気を読み取っていたのだろう。

代理人としては、クラブの意向に沿って移籍を見送る1年を、翌年に動くための足場を固める時間に当てられるという考えがあった。J1でのシーズン後には獲得を希望するクラブが増えるのではないかという読みもあった。

1度目の時点でも、浦和のほかに2、3クラブから話があったが、まだ若かったこともあり、航の実力が広く認められていたわけではないと感じていた。興味を持ってはいても、J2にいた湘南ではレギュラーだったが、J1でも本当に通用するのかという目で見ていたクラブもあったと思う。

本人からは、深刻な相談というレベルではなく、「遠藤さん、どう思います?」という具合で訊かれた程度だった。「チームのためにも1年待ってみる手はある。逆に、海外移籍のチャンスが近づくかもしれない」と答えると、「そうですよね」という反応。翌シーズンも湘南に残ることが決まった。

その2015年のJ1を、守備の要として強い信頼を寄せられているチームで戦ったことにより、シーズン半ばには初のA代表入りが実現した。「日本代表」という肩書きは、周囲の見る目を変える。補強ターゲットとしての扱われ方も変わる。つまり、選手側の要望を通しやすくなる。最終的には前回の倍以上のクラブから声がかかり、獲得を希望してくれたどのクラブとも、その先のステップアップを念頭に置いた交渉が可能になった。候補の中から、基本的なサッカーのスタイルが湘南と似ていることもあって移籍を決めた浦和には、センターバック陣に槙野智章選手らがいたが、同じ代表クラスの新戦力として、対外的にも堂々と移籍することができた。

　湘南も、ユースから育ててくれたクラブのことを考えて1年残り、J1残留に貢献して巣立つことになった航を応援してくれた。浦和を去ることになったときにも、10年ぶりのAFCチャンピオンズリーグ優勝に力を尽くした主力として、快く海外へと送り出してもらえた。選手の移籍には、一方的にクラブを出ようとして周囲の反感を買ってしまうような例もある。移籍の舞台裏を眺めていると、じたばたしてしまうキャラクターの選手は、最終的に恵まれない傾向があるようにも思える。互いに礼節を尽くす。この必要性は、1人の人間としても、選手としても同じ。航は、その点も若いころからしっかりしていた。

　人生がそうであるように、選手のキャリアも巡り合わせの妙に左右される。もしも、1度目に話があった年に浦和に移籍していたとしたら、続いてシント＝トロイデ、VVへというステップを踏むことは難しかっただろう。売る気のなかった湘南から航を引き抜く立場にあった浦和が、仮に、当時21歳のディフェンダーに数億円の移籍金を用意して商談成立に漕ぎ着けていたとしたら、主力として経験を積み、それでいて年齢的にはまだ若かった航を手放すさいには、その何倍もの額の値札がつきかねなかった。そうなれば、規模が大きくはないベルギーのクラブが、二の足を踏んでも仕方のない移籍金の額になってしまう。だが、浦和への移籍を1年遅らせた航に対し、湘南が買い手に要求する移籍金の額で理解を示してくれていたことから、その次に浦和を出るさいもシント＝トロイデンが獲得しやすい状況になっていた。

実際に海外移籍が実現した2018年夏の時点で、航は20代半ば。年齢的に、初の海外を体験するタイミングとしては最後のチャンスになるかとも思えた。体の大きさが前提ではなく、代表で起用されてもいたボランチとしての素養を認めてもらおうにも、常日頃の定位置ではないことから、中盤の補強策として航をイメージしてくれるクラブがなかなか現れなかった。その中にあって、ミッドフィールダーとしての獲得を検討してくれていた、シント＝トロイデンという移籍先候補の存在は大きかった。

当時、シント＝トロイデンには半年ほど早く冨安健洋選手も加入していたが、移籍直後の2017-18シーズン後半戦は出場機会に恵まれず、日本人選手の間で移籍先として敬遠されそうな雰囲気が生まれていた。クラブ側は、すでに代表入りしていた航を獲得することで、代表クラスの選手にも移籍先として前向きに捉えてもらえるように風潮を変えたいという考えもあるようだった。

そのような付加価値の面でも補強ターゲットと位置づけてくれていたシント＝トロイ

デンは、日本企業をオーナーとする、日本人選手のキャリア向上に理解のあるクラブでもあった。初の海外移籍にして、中盤の戦力、そして代表クラスの選手としてクラブに貢献しながら、航自身も欧州でのステップアップを実現しやすい環境を用意することができた。

そうした状況をひととおり説明すると、航の反応は「行きましょう」の一言だった。キャリアの重大な分岐点に差しかかって、「そこまで自分のことを信頼してくれているのか」とも、「まったく考えていないのか？」とも思えるような即断即決だったが、もちろん、航は考えている。移籍を扱うプロとしての経験から、その選手にとって何が最適な選択肢なのかは直感的にわかる部分もある。その選択肢を、代理人として提案する。ただし、選手にもそれぞれの考え方や意見があり、同じ選択になるとは限らない。航は迷いなく賢明な判断をした。

シント＝トロイデンに移籍したことにより、ピッチ上での判断力も磨かれることになった。そして、その姿をヨーロッパのスカウトたちに間近で確認してもらえるようになった。結果的に移籍が実現したドイツのシュトゥットガルトからも、日本風に言えばクラブの強化部長にあたるスヴェン・ミスリンタートのアシスタントが、よくスカウティングに足を運んでいたらしい。

スヴェンとは、互いに補強の現場でかかわった経緯のあるイングランドのアーセナル関係者に共通の知人も多く、信頼関係があった。航に関しては、本人がベルギーでプレーするようになる前から、彼が気に入っている日本人選手として、「ワタル・エンドウ」の名前を挙げていたとも聞いていた。

だからといって、実際に移籍交渉の席に就く前の段階で、シュトゥットガルト移籍を確信していたわけではない。選手への興味と実際の獲得はまったくの別物。スポーツ・ディレクターを務めるスヴェンのような立場では、才能に魅力を感じる選手がいたとしても、そのポジションに関する具体的な必要性や、チームの持続性を意識した年齢のバランスを考慮して動かなければならない。すでに年齢も立ち位置も同じような選手がいれば、あえて獲得には動かないという判断も強化を担当する責任者の仕事だ。

26歳のミッドフィールダーとしてシント＝トロイデンでの1シーズン目を終えていた航は、年齢的な中堅どころが少ないシュトゥットガルトのチーム事情に適していた。そして何より、数値に基づく理詰めのスカウトで知られるスヴェンから、彼自身が設立したマッチ・マトリックス社製のデータ分析ソフトではじき出された結果を交えながら、「ワタルはウチに最適な選手なんだ」と説明があった。クラブでの発言権も強い人物が、そこまで真剣に評価してくれているのであればと、まずはレンタルで移籍する可能性を探ることにした。

結果的には、移籍1シーズン目後半の2020年4月に買い取りが決まった。湘南時代からの移籍の流れが功を奏し、1人の選手に何十億円という移籍金も珍しくない欧州のビッグクラブにすれば、まだクラブレベルでは中盤の選手として2シーズン目という日本人でも、完全移籍への切り替えを決めやすい選手だったに違いない。

さすがにリスク・フリーというわけにはいかない。その1つが、補強部門が見立てた新戦力を、実際にチームを率いる監督がどこまで信頼してくれるかという点。事実、出場機会を待ち続ける滑り出しとなった。ドイツとはいえ2部リーグのクラブで出番がないとなれば、移籍を勧めた代理人として、選手から不満の1つや2つをぶつけられても当然。そう覚悟していた。

しかし、航はうろたえてはいなかった。こちらが拍子抜けしてしまいそうなほど、平然としていた。「ここで慌てても何の得にもならない」とは言っても、愚痴1つこぼさなかった。

そして、チームが少し調子を落としたところで初先発の機会を手にすると、その後は監督交代後もシュトゥットガルトの中盤に欠かせない選手であり続けている。移籍2シーズン目を終えた夏には、ドイツ人チームメイトたちを差し置いて、新キャプテンに任命された。

近い将来、もう1ステップとなる移籍があるとすれば、今度ばかりは欧州レベルのレギュラー格にふさわしい値札がつくことになるだろう。移籍金の面でも、候補はビッグクラブに限られる。選手は上を目指し続けるもので、航が子どものころにプレミアリーグでのプレーを夢見ていたことも知っている。

だが、一口にプレミアと言っても、実際にはクラブによって選手として飛び込む環境が大きく異なる。金銭的な体力にも差があり、残留争いに終始する危険性だってある。日本代表での定位置確保には、シュトゥットガルトのレギュラーという背景もある。

選手としてのキャリアは、個人としての引退後にも影響を及ぼす。航には妻子もいる。代理人の立場では、家族も含めて彼にとって何がいちばんの幸せなのかという観点からも、キャリアに関する助言をしていかなければならない。それ相当のクラブから、これならと思えるオファーがあれば移籍の検討を勧めるだろうが、選手のピーク年齢と言われる28歳だからといって、次の動きを焦る必要はない。焦らないほうがいい。もちろん、改めて決断のときが訪れれば、航自身が落ち着いて判断をしてくれるはずだ。

サッカー人生には、よい時期もあれば苦しい時期もある。怪我など、選手自身にはどうしようもない出来事もある。そこで腐らないこと。航を長く見てきてつくづく思う、その大切さをサッカー選手の卵たちにも知ってほしい。

10代の少年だったころから、本当の自分が試されている辛いときにこそ、選手としてのひたむきさと、人としての優しさを忘れない航は、さらに大きく成長してくれると信じている。

[編集協力]
山中 忍

[協力]
プーマ ジャパン株式会社
株式会社ユニバーサルスポーツジャパン

[写真]
中河原 理英：Cover photos, P1, P203
アフロスポーツ：P62
Etsuo Hara/Getty Images：P76
徳原隆元/アフロ：P80
千葉格/アフロ：P91
Alex Grimm/Getty Images：P166
代表撮影/AP/アフロ：P171

[ヘアメイク]
南田英昭（addmix.B.G）、小川知沙（addmix.B.G）：
Cover photos, P1, P203

[装丁・本文デザイン]
TYPEFACE（CD：渡邊民人　D：清水真理子）

遠藤 航（えんどう　わたる）

1993年2月9日生まれ。神奈川県出身。2010年に17歳で湘南ベルマーレからプロデビューを果たす。2015年にA代表に初選出され、2016年に浦和レッズに移籍後、同年リオ五輪でキャプテンを務める。2018年ロシアワールドカップにメンバー入りを果たしたのち、ベルギー1部リーグのシント＝トロイデンVVに移籍。2020年にドイツ・ブンデスリーガのVfBシュトゥットガルトへ完全移籍。ボランチとして活躍し、2020-21シーズンに日本人初となるデュエル勝利数1位に。2021年に開催された東京五輪ではOA枠で出場しチームを牽引した。

「楽《たの》しい」から強《つよ》くなれる

プロサッカー選手《せんしゅ》になるために僕《ぼく》が大切《たいせつ》にしてきたこと

2021年 9月10日発行　第1刷

著　者　遠藤 航

発行人　鈴木幸辰

発行所　株式会社ハーパーコリンズ・ジャパン
東京都千代田区大手町1-5-1
電話　03-6269-2883(営業)
0570-008091(読者サービス係)

印刷・製本　中央精版印刷株式会社

定価はカバーに表示してあります。
造本には十分注意しておりますが、乱丁（ページ順序の間違い）・落丁（本文の一部抜け落ち）がありました場合は、お取り替えいたします。ご面倒ですが、購入された書店名を明記の上、小社読者サービス係宛ご送付ください。送料小社負担にてお取り替えいたします。ただし、古書店で購入されたものはお取り替えできません。文章ばかりでなくデザインなども含めた本書のすべてにおいて、一部あるいは全部を無断で複写、複製することを禁じます。

ISBN978-4-596-01370-5